泣いてる子どもに
イライラするのは
ずっと「あなた」が
泣きたかったから

育児の悩みが消える
「親の自己肯定感」を高める言葉

子育てママ専門カウンセラー/元小学校教諭
福田花奈絵

サンマーク出版

この本を手に取っていただき、ありがとうございます。
まず、なによりも先に、あなたに伝えたいことがあります。

もう、大丈夫。あなたは大丈夫です。

ずっとずっと、がんばってきたね。
子どもと向き合いつづけているあなたは、もうそれだけで、
愛のあふれるすてきなお母さん。
いまは苦しいかもしれないけれど、あなたも、あなたの子どもも、
幸せになれます。安心して、読みすすめてくださいね。

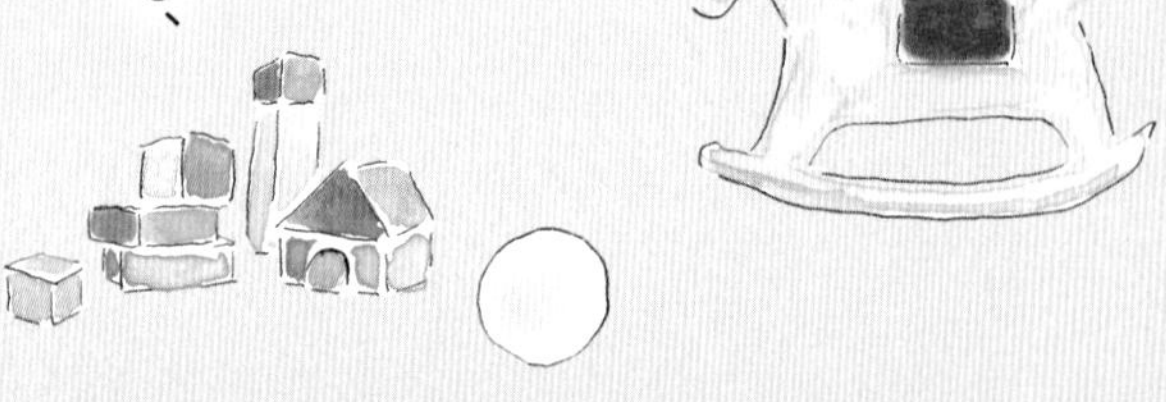

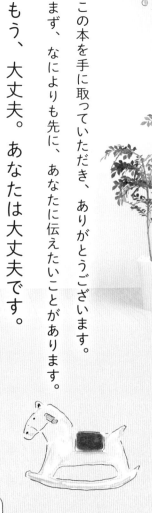

12
9
3
6

prologue

毎日がんばっているすべてのお母さんへ

あなたのもとに来てくれた、いとおしい子ども。
……でも、日々の子育てで、どうしてもこのような悩みが出てきませんか？

「泣いてる子どもにイライラする」
「寝ない子どもにイライラする」
「おもちゃを片づけない子どもにイライラする」
「兄弟をいじめる子どもにイライラする」

こんな気持ちがあるあなた。
じつは……**あなたも、そしてあなたの大事な子どもも、いまよりずっと幸せ**

になれます。

なぜなら、**この本は「イライラするたびに、幸せに近づく方法」を書いた本**だからです。

だから、この本では「子育てに関するテクニック」はお伝えしていません。

お母さんである「あなた」を幸せにし、おまけに子どもまで幸せにしてしまう、心のしくみをお伝えしています。

「イライラするたびに、幸せに近づくって、どういうこと？」

「むしろ、イライラするたびに、心はとても苦しくて、幸せからかけ離れていっているような気がするんだけれど……」

そう思われるのも、無理はありません。「イライラしている状態」って、やっぱり不快だから。ただ、**「どんなときに、どんなことで、イライラするのか」**という情報は、自分が幸せに生きるためのヒントになります。

そのイライラ、原因は子どもではありません

さて、あなたはいま、どんなことに悩んでいますか？
どんなときにイライラしますか？

じつは、あなたが「こうしなければダメ！」「こうしてはダメ！」だと思い込んできたことを、子どもが堂々とするから、イライラするのです。

あなたが必死になって自分を監視して、守ろうとしている自分ルールを、子どもが目の前で破るからです。

たとえば、あなたはこんな思い込みをもっているかもしれません。
「人に迷惑を掛ける私はダメ！」「ワガママを言う私はダメ！」「人に頼る私はダメ！」「怒ったり泣いたりする私はダメ！」「周りの人と同じようにできない

私はダメ！」「ガマンをすることができない私はダメ！」。そこには、簡単に言えば、**「こんな自分はダメだ」という「自己否定」が隠されています。**

そして、「こんな私はダメ！」という思い込みは、多くの場合、**幼い頃のあ**

「こうしなければダメ！」「こうしてはダメ！」という
〝自分ルール〟
迷惑掛けちゃダメ
ワガママ言っちゃダメ
しっかりしないとダメ
泣いちゃダメ

自分の子どもが〝自分ルール〟を破るからイライラする
これ○○ちゃんの！
もっと遊びたい！
イヤ！
できない！

なたの「大好きなお母さんから愛されたい」という思いから生まれています。

「こんな私は、お母さんに嫌われてしまうんだ」「こんな私は、お母さんにがっかりされてしまうんだ」「こんな私は、お母さんを悲しませてしまうんだ」

幼い頃のあなたは、お母さんとのかかわりの中で「悲しさ」や「さびしさ」を感じたとき、「こんな悲しさは、もう二度と味わいたくない！」と思ったのです。

そして、「こんな私はダメ！」と思い込みました。それからずっと、「こんな私」にならないように、いつも自分自身を監視してきたのです。

イライラが止まらないお母さんは、人生を大逆転させるチャンス

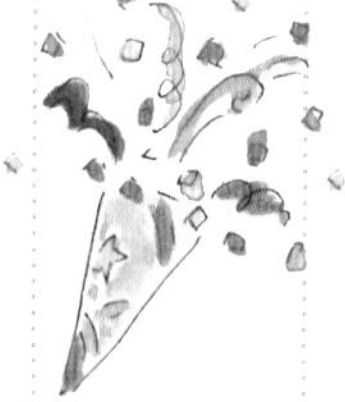

人は、「こんな私はダメ！」という縛りがあればあるほど、生きているだけでとっても苦しい。

それは、自分自身への否定を繰り返しているからです。

この自己否定が、多ければ多いほど、強ければ強いほど、人は生きることが苦しく、悩みが尽きず、人生がうまくいかないのです。

もしかして、あなたも子育てに限らず、生きることが苦しいと思った経験、あるんじゃないでしょうか？

幼い頃からの「こんな私はダメ！」という思い込みは、いまのあなたにとって、必ずしも必要なものではありません。つまり、あなたがあなたらしく、幸せに生きるために、いまはもう必要のない思い込みが、じつはたくさんあるのです。

それに気づかせてくれるのが、あなたの子ども。

イライラすればするほど、生きづらさの原因である自己否定に気づくことができる。そして、その自己否定を手放していくことで、幸せに近づく。

だから、「いまイライラが止まらないお母さん」「1日になん回もイライラしているお母さん」ほど、人生を大逆転させるチャンス。

いまよりもっと幸せになりたい。幸せに生きたい。あなたがそう思うなら、子どもへのイライラを有効活用しない手はありません。

イライラしたらチャンス！　なのです。

小学校教員だったけど「育児ノイローゼ」になった私

私は、２人の子どもの母親です。昔から子どもが好きだったこともあり、公立小学校教員として、十数年間勤務をしてきました。

小さい頃からずっと、「お母さん」になりたかった私。妊娠がわかったときには言葉でいい表せないような幸福感に包まれ、生まれてくる我が子との生活をとても楽しみにしていました。

私は、私の考える「理想の子ども」に育つようにと、「子育てのテクニックやノウハウ」などを駆使して子育てをしていました。

しかし、ちっとも理想通りには育たず、ストレスは溜《た》まる一方。

ついに私は、育児ノイローゼになってしまったのです。

いつも余裕がなく、イライラしていて、時には大爆発。私が母親であること自体、罪悪感でいっぱいでした。


なにをしても、子育てがうまくいかない。ラクにならない。楽しくない。笑えない。悩みが尽きない。私も子どももしんどい。なにかがおかしい。きっとなにかがズレているんだ。いつからか、そう考えるようになりました。

子どもは、そのままでいい

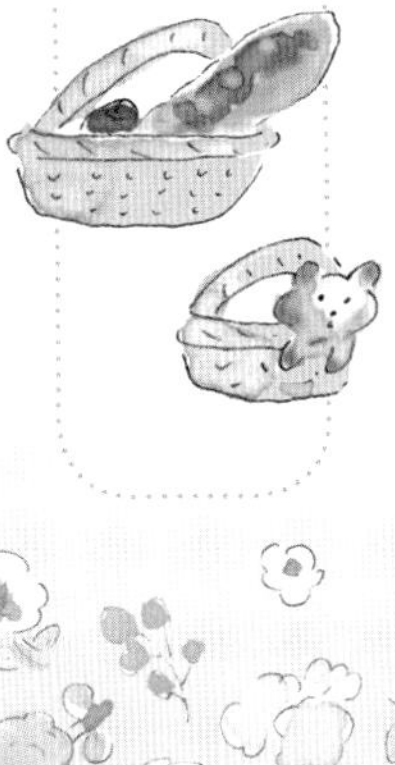

転機となったのは、心のしくみとカウンセリングを学んだことでした。
子どもは、そのままでいい。

変えるべきなのは、なにもかも悩みにしてしまう、私自身のとらえ方。

自分への否定を減らし、子どものありのままを受け入れ、ただ私自身が幸せであればいい。私が幸せならば、子どもは幸せ。

私は、やっとそのことに気づきました。ここまで、本当に長かった。苦しかった。そしてそのとき、ふと思い出した言葉がありました。

「子どもは、お母さんを幸せにするために生まれてくる」

この子が、私を幸せにするために生まれてきているとしたら、この状況をどうとらえたらいいだろう。私はいまとてもじゃないけれど、幸せだとは思えない。子どもは他の子に比べてできないことばかりだし、ワガママだし、手がかかるし……。いや、待てよ。**この状況すら、この子どもの存在や行動すら、「私を幸せにするため」だとしたら……。**

そのとき、私の中で、すべてが繋《つな》がった気がしました。

じつは教員時代、「子どもの問題を解決しようとしても、根本的には解決できていない気がする」「子どもとお母さんって、はっきりわからないけれど繋がっている気がする」ということをいつもぼんやり考えていました。

実際、そのように感じた子は、大人になるにつれ大きな問題を引き起こしてしまったという例も見てきました。

それが、すべてが1本に繋がったような感覚になったのです。

「お母さんに心のしくみを伝えれば、お母さんも子どもも幸せに生きられるようになる！」

「お母さんが幸せに生きられるようになれば、世の中は絶対によくなる！」

そう考えた私は、育休からの復帰後1年で退職をしました。

子育てが一気にラクになる

教員の仕事がイヤになったわけではなかったので、なんらかのカタチで教育

現場に還元できることを夢見ながら、子育て中のお母さんへの発信をはじめました。

反響は思いのほか大きく、**メインで発信しているインスタグラムは、半年で3万人ほどフォロワーが増えました。「いいね！」が８０００を超えることもありました。**

たくさんのお母さんから、
「これまでなにをしてもダメだったのに、子育てが一気にラクになりました」
「子育てはもちろん、夫婦関係まで改善されました」
「子どもを叩《たた》いてしまうことがなくなりました」
「いつも死にたい、消えたい、と思っていたけれど、初めて自分のことを好きだと思えるようになりました」

このようなメッセージがたくさん届き、「やっぱり、子育てはお母さんの人生そのものを変えてくれるチカラがあるんだ！」と確信しました。

「子どもへのイライラ」を「私自身の幸せ」に転換する方法

「子どもへのイライラ」を「私自身の幸せ」に転換する方法は、とても簡単。

❶「私は、どんな子どもにイライラするか」に目を向ける

❷「こんな私はダメ！」と、
自分自身を否定しているということに気づく

❸「こんな私であること」をゆるしたり、
気持ちに寄り添ってあげたりする

❹「こんな私はダメ！」だと思っていることを、
勇気を出してやってみる（子どもをお手本にする）

つまり、**あなたが「ダメ！」だと思ってきたことに対して「いいよ！」と許可を出す。**

そして、**子どもをお手本にして「やってみる」**だけ。とってもシンプルです。

あなたが「こんな私はダメ！」というあなた自身への否定を手放すだけで、毎日の幸福度はぐーんと上がります。

そもそも、子どもはお母さんを幸せにしたいといつも思っていますし、幸せそうなお母さんを見ているだけで幸せ。

「子どもへのイライラ」が「お母さんの幸せ」のヒントになり、**「お母さんの幸せ」が勝手に「子どもの幸せ」に繋がるなんて、最高だと思いませんか。**

こうなってくると、イライラすることに対して、嫌悪を感じなくなってきます。イライラさせてくれる子どもに対して、「ありがとう」と感謝の気持ちすら湧き上がってくるようになります。

この本を通して、我が子に対して「生まれてきてくれてありがとう」と心の底から思えるお母さんが少しでも増えるといいなあと思います。

これから、具体的な方法をわかりやすく解説していきます。


あなたの人生は1回きりです。

それならばできるだけ長い時間、笑っていたいと思いませんか。不平不満グチ妬みにまみれた生き方ではなく、いつも「幸せ」が感じられるような生き方をしませんか。


他人や環境が、あなたの人生を変えてくれることはありません。

自分の人生は自分でさっさと幸せにしてしまいましょう。

そのヒントは、我が子が惜しみなく与えてくれます。

これまではストレスでしかなかった「イライラ」をヒントにして、「幸せ」にあふれた人生を歩んでいきましょう！

泣いてる子どもにイライラするのは ずっと「あなた」が泣きたかったから

目次

Contents

chapter 1
自分に、ガマンをさせすぎていたね

chapter 2

あなたが本当に言いたかったことは？

Contents

Contents

Let's try!

この本の“効果的な”読み方

本書には、**読むだけでお母さん自身の「自己肯定感」が高まるような言葉がちりばめられています。**

また、各項目の初めに、

> こんなとき
> この言葉を言ってみて。

と書かれていますが、これらの言葉は、**必ず声に出して言ってみてください。**どんなに小さな声でも大丈夫（言おうとしているのに言えないという場合は、無理をしないでくださいね）。

イライラの根っこには、小さい頃に感じ切ることができなかった、「悲しい」「さびしい」「怖い」などの感情が隠されています。

この感情を見つけ出してあげられるような言葉を選んでいますので、**つぶやくだけで、小さい頃のあなたが癒やされます。**

カウンセリングでは、**「胸が熱くなった」と言う方や、涙があふれてき**

てしまう方も。また、「すっきりした」「これがイライラの原因なんだと納得できた」というお声をたくさんいただいています。

小さい頃に感じ切れなかった感情、出すことができなかった感情は、大人になってからの生きづらさに繫《つな》がります。

悲しいことやつらいことがあっても、「感情を感じ切ること」や、「言葉で表現すること」がうまくできないので、**不機嫌を撒《ま》き散らしたり、身近な人に爆発したりしてしまいがちなのです。**

だから、**目の前の子どもが、悲しいときに泣けていたり、言いたいことが言えていたりすれば、じつは安心なのです。**子どもは、この世の中で、一番自分を受け入れてくれるであろうお母さんを相手に、感情の扱い方を学んでいるんですね。

感情をしっかり出せている子どものことは、変えようとしなくて大丈夫。むしろ、そんな子どもにイライラするということは、お母さん自身が感情を出すことをかなりガマンしてきているということ。

これから、自分の感情に意識を向け、うまく扱うことができるよう練習していきましょう。

Happy

chapter 1

自分に、
ガマンを
させすぎていたね

泣いてる子どもにイライラ

本当に泣きたいのは誰？

こんなとき
この言葉を言ってみて。

魔法の言葉

「私も、泣きたかった」

「泣いてる子どもを見ているとイライラする！」というお母さん、とても多いんですよね。

私も、そうでした。これ、じつは**お母さん自身が「泣きたいときに泣けていないから」**なんです。つまり、泣きたくなるくらい悲しくても、さびしくても、怖くても、それに耐えることが小さい頃からの当たり前になっている。

自分が気づいていないだけで、めちゃくちゃがんばっているんですよ。

きっとね、そんな人は**「泣く私は愛されない」「泣く私は認められない」という思い込みがあると思うんです。**だから必死に泣くのをガマンしてきた。

でも、それは自分の感情を否定しているということ。すごく苦しいんです。

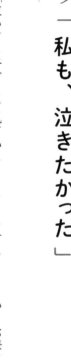

「ポジティブな感情は出していいけれど、ネガティブな感情は出したらダメ」という思い込みがあることがほとんど。「うれしい」「楽しい」は、出していいけれど、「悲しい」「怖い」なんて言っちゃダメ……というように。

でもね、感情によいとか悪いとかないんです。すべての感情が大切。

「うれしい！」「楽しい！」を体いっぱい表現する子は、びっくりするほど大泣きしたり、めちゃくちゃ怒ったりするんですよね。

つまり、どの感情に対しても表現の大きさが同じ。ついつい、子どもに対して「うれしいことはわかりやすく大喜びしてほしいけれど、泣いたり怒ったりするのは控えめによろしく」って思っちゃうんですけどね。それって無理なんです。

自分のネガティブな感情を否定している……つまり「ネガティブな感情を出してはいけない」とガマンしている人ほど、ガマンできていない人に腹が立ってしまう。だから、泣いてる子どもに「そんなことくらいで泣かないの！」と言いたくなったり、小さなことで怒っている上司を見るとザワザワしたりするんです。

こんなときは、**とにかく「自分が泣くこと」「ネガティブな感情を出すこと」**

に許可を出してほしいんです。そんな自分のことも、いったん、認めてあげてほしいんです。

お話ししたように私も、子どもが泣いている姿を見ると、イライラしていました。つまり、私自身が「泣く私」を否定していたということなんですよね。

私が私自身に、たくさんガマンをさせていたと気づいてからは、**「悲しいよね」「泣きたくなっちゃうよね」**と、**自分の気持ちに寄り添うことを心掛けました。**そうしたら、だんだん泣いてる子どものこともゆるせるようになったんです。

私はいまでも、ネガティブな感情を出すことが苦手。「悲しいな」「怖いな」という感情があっても、まずそれに気づくことができなくて……。

でもね、たとえば「あの夫の言葉、私は悲しかったんだな」というような**感情に気づくタイミング、だんだんはやくなってきたんです。**

前は1か月以上かかっていたけれど、1週間後に気づく、次の日気づく……というように。

昔はネガティブな感情を溜《た》めて溜めて大爆発して大泣きして、夫を困らせていましたが、最近は、「その言葉、悲しいんだけど」と、すぐに言えるようになりました。こんなふうにできるようになるまで、けっこうな時間がかかりました。

だからこそ、我が子たちが「悲しいと感じたときにすぐ泣ける」のが、本当にすごいと思うのです。そして、安心。

いま、ちゃんと練習できていれば、将来私のように溜めて溜めて大爆発して周りの人を困らせる、みたいなことにはならないはず……（笑）。

とにかく、まずは、自分がいまどんな感情なのか常に意識してあげる。

そして、「悲しい」「さびしい」「怖い」といったネガティブな感情に気づいてあげる。

ネガティブな感情に気づくことができたら、自分が自分の気持ちに寄り添ってあげてください。そんな感情をもつことを、まるっとゆるしてあげてください。

「毎日大変で、泣きたくなっちゃうよね」

「思い通りにならないことばかりで、悲しいよね」

「悲しいって思ってもいいよ。大丈夫」……みたいな感じで、ね。

そして、ネガティブな感情を、少しずつ出すことを意識してみてください。

溜めて溜めて、どーん！　は周りの人もびっくりしちゃう。**小出しにすることを心掛けるだけで、家庭がちょっぴり平和になることを実感してもらえるはず。**

小さい頃からガマンするのがクセになってしまっている場合、きっと初めはうまくできません。

でもね、**私たちお母さんには、「我が子」というお手本がいつもそばにいてくれるんです。だから、真似《まね》すればいい。**子どもって、私たちが幸せに生きるためのヒントを、たくさん与えてくれている。

ほんと、ありがたい存在だなあって思うんですよね。

「どんな感情も、宝物」

すぐケンカする子どもにイライラ

もう、空気は読まなくていい

すぐケンカする子どもに**イライラ**

こんなとき
この言葉を言ってみて。

魔法の言葉

「いつも空気を読んでいるの、しんどかった」

すぐケンカをする子どもにイライラするお母さんは、**自分のことより他人のことを優先するクセがある人。**いつもいつも、自分の気持ちより、他人の気持ちばかり考えてしまっている人。

もちろん、他人の気持ちを考えることそのものが、「ダメなこと」ではない。

でも、**あまりにも他人を気にしすぎて、自分自身が「どうでもいい存在」に成り下がってしまっているとしたら、生きづらいよね。**

もしあなたがこのタイプなら、小さい頃に「いつも他人の顔色をうかがっていた」とか「家族内の人間関係を気にしていた」ということが、多かったのではないかなと思います。

たとえば、両親がご機嫌か不機嫌かをいつも気にしていたとか、両親の仲や親と祖父母との関係があまりよくなかったから不安だった。また、お母さんがいつも、お父さんや祖父母の顔色をうかがっていた……といったことが影響していることもある。

子どもって、「お母さんが幸せそうでいてほしい」と強く強く思っているんです。だから、幸せそうじゃなかったり、不機嫌だったりすると、悲しくなってしまう。自分がなんとかしたいと思ってしまう。

だから、子どもなりに、家族の顔色をうかがって、その場の空気を読んで、なんなら家族間の調整役みたいなことも買って出て……お母さんが「幸せそう」な状態になるような人間関係を「私が」整えようとがんばるのです。

そして、それがいつの間にか当たり前になる。

つまり、自分のことは後回しで、人のことばかり気にして、人のご機嫌取りばかりするようになる。ずっとずっと、「自分」を抑えてきたし、トゲトゲした空気にも耐えられないから、人とケンカすることも苦手なんですよね。

だから、子どもがケンカしているのを見ると、どうしても悲しくなったり、イライラしたりしてしまう。

まずは**「私にも、本当は言いたいことがあるのかも」「自分のこと抑えすぎて苦しくなってしまっているのかも」ということに気づいてあげてください。**

さらに、そんな自分の気持ちに寄り添ってあげてほしいのです。

「人に嫌われることが怖くて、言いたいことが言えないんだよね」

「でも、自分のこと抑えすぎて、しんどいよね」

「人のことばかり考えているの、疲れるよね」というように……。

そして、「空気を読もうとしないこと」を心掛けてみてください。

少しずつでいいから、言いたいことを言ってみたり、愛想笑いをやめてみたりする。**他人のご機嫌を取ることや、「その場の調整役」になろうとすることも、意識的にやめてみましょう。**

繰り返しになりますが、他人の気持ちを考えることや、空気を読もうとすることが「ダメなこと」ではないのです。

ただもしかしたら……あなたは少しやりすぎなのかも。やりすぎて苦しくなってしまっているから、「あえて、やらない」を心掛けてみてほしいのです。そして、「やらなくても大丈夫だった」を実感してほしいのです。

自分の気持ちを置き去りにして、他人の気持ちを優先していると、思ったような展開にならなかったときに、他人を悪者にしがち。

私なんて、しょっちゅう夫を悪者にしてしまいます。よくあるのが、自分も疲れているのに、なぜか夫を労《いたわ》ろうとすること。休日、頼まれてもいないのに「昨日遅くまで仕事だったよね。寝ていていいよ」なんて言っちゃう。

でも、子ども2人の相手をしているうちにやっぱりしんどくなってきて、子どもがお菓子をこぼしたときに大爆発。そして自己嫌悪。

自分から「寝ていていいよ」と言ったはずなのに「私だって毎日しんどいのに！」「子どもに怒ってしまったのも夫のせいだ！」なんて、いつの間にか夫を悪者にしてしまう……。

人に対して「私の気持ちを大切にしてほしい！」「察してほしい！」と思うことは、自分が「人の気持ちを大切にしなければいけない」と、強く思いすぎているということ。だから、そこを少し、ゆるめてあげるといい。

ちなみに、他人のことばかり気になってしまう自分のことを、否定する必要はありません。そんな自分だからこそ、できた経験もたくさんあるから。

もがきながらも、一生懸命生きてきたあなたの過去が、美しいし、いとおしい。

ケンカができる子どもは、あなたのよいお手本。

自分の存在や感情なんかを軽視せず、自分の気持ちを、相手にしっかりと伝えることができているのだから。

あなたが、あなた自身のことを、もっと知ってあげてね。大切にしてあげてね。

「もっと自分の気持ちを大切にしてもいい」

他の子と同じことができない子どもにイライラ

子育てだけは「がんばり」が比例しない

他の子と同じことができない子どもに**イライラ**

こんなとき
この言葉を言ってみて。

魔法の言葉

「できないことがあっても いいんだよ、って 言ってほしかった」

「寝返り　いつから」「1歳　歩かない」「発語　平均」……。我が子のことが心配で、こんな「ワード」でネット検索してしまう人、多いかもしれませんね。私もそうでした。周りの子と比べて自分の子がどうなのか、平均はどれくらいなのか、いつも気にしていたんですよね。

もし、あなたが、他の子と同じことができない子どもにイライラするのなら、**あなた自身が「他の人と同じくらいはできなければいけない」と強く思い込んでいるから。**「できない私は認められない」と思っているから。

どうしてそんな思い込みがあるのかというと、もちろん、きっかけになった言葉や体験があるんですよね。

たとえば、「兄弟や友達といつも比較されていた」とか「できないことがあると親から責められた」「なにかがうまくできるとすごくほめられた」とか。

あとは、あなたのお母さんが弱音を吐かず一生懸命がんばるタイプだったことなども、影響している場合があります。


ただ、子どもの「できない」姿にイライラするのは、あなたが「割となんでもできるタイプ」か「苦手なことがたくさんあるタイプ」かは、あんまり関係がないんです。ポイントは**「できない自分やダメな自分も受け入れることができているか」**なんです。つまり「自己受容」ができているかどうか。

すてきな自分、他人より優れている自分は、自然と認めたり受け入れたりすることができる。

でも、できない自分とかダメな自分は、否定したくなっちゃうんですよね。

「こんな自分、イヤ！」とか「こんな自分、いらない！」って。

でもね、できない自分もダメな自分も、結局「私」だから、受け入れてあげないと、あなたの心はとっても苦しくなってしまうんです。

みんな、お母さんという存在が大好き。だから、子どもの頃は特にお母さんを喜ばせたくて「できない私」「ダメな私」にならないよう、一生懸命がんばっていた。

でもそれは、ありのままの自分を否定しているということ。

本当は「できなくても大丈夫だよ」という言葉がほしかったし、「どんな私でも愛される」という安心感がほしかった。「できるようになるまでがんばる」が当たり前だったあなただから、「できない子ども」を見るとイライラしちゃうんですよね。Aさんもそうでした。紹介しますね。

Aさんは、あいさつができない我が子に悩んでいました。

どうして悩むのかを掘り下げてみると、Aさん自身に「イヤなこともガマンしてやるべき」「ほめられるようなことをすべき」という思い込みがあることに気づきました。その後、Aさんは、自分の気持ちを大事にするようにしたり、イヤなことは勇気を出して断ってみたりすることを心掛けました。

すると、**だんだん我が子のあいさつについても気にならなくなり、しかも子どもも自分からあいさつをするようになった**のです。

そして、不思議なことに、自分を取り巻く環境までよくなっていったそうです。

「できないこと」にぶち当たったときに、「できるようになりたい」って思うのは自然なこと。

ただ、「できない私はダメ」「できる私じゃないと価値がない」というような思い込みがあると、必ず結果を出さなきゃいけなくなるから、苦しくなっちゃう。

前提が「できなきゃ、ダメ」なのか「できても、できなくても、大丈夫」なのかで、人生の幸福度は全然違うんですよね。

まずは、あなた自身の「できる私でいたい」「できない私は嫌い」「でも、いまのままじゃしんどい」という気持ちに気づいてあげましょう。さらに、そんな自分の気持ちに共感して、次のように自分をゆるしてあげてください。

「できる私でいたいし、すごいって思われたいよね」
「できる私でいると、大切にしてもらえるって思っちゃうよね」
「でも、本当は、そんな自分を保ちつづけることがしんどいんだよね」
「うまくできないことがあっても大丈夫って思えたら、幸せだよね」

そして少しずつでいいから、「できない私」をさらけ出してみてください。これまでの人生は、自分ががんばったらがんばった分だけ、それなりの結果が出たけれど、**子育ては、自分のがんばりが、子どもの姿に比例しないんですよね。**
だから、「できない私」「結果が出せない私」を受け入れられるようになることが、本当に大切！「できる私も、できない私も、どっちもいいね！」がベースにあるだけで、すごくラクに生きられるようになるのです。

「できないところも、私の魅力」

兄弟をいじめる子どもにイライラ

人は優しい部分も イジワルな部分もある

バッ
ム
ギャー
ギャ〜
ギャ〜
もう、またー
なんで兄弟で仲よく
できないんだろう
プルプル

兄弟をいじめる
子どもに**イライラ**

こんなとき
この言葉を言ってみて。

魔法の言葉

「私、本当はいい子じゃないもん」

私が人生で一番しんどかったと断言できるのが、上の子が下の子にイジワルをしていた時期なんですよね。これは、本当に言葉で表現できないような苦しさ。イヤイヤ期などは、自分が耐えれば済むこと。でも、**兄弟間のイジワルは、我が子が、我が子によって悲しい思いをするんですよね。**だからもう、かわいそうで、申し訳なくて……。

どうにかしてやめさせたいと思い、いろいろやってみるけれど、結局は母親としての自分を責める材料集めになるんです。

「普段から、上の子の心を満たしてあげられていないからだ」「いつも余裕がなくて、怒ってばかりだからだ」「2人目が生まれてから毎日バタバタで、さびしい思いをさせちゃっているからだ」……というふうに。

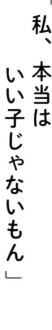

さて、ではどうして兄弟をいじめる子どもにイライラするのでしょうか。

それは、イジワルな自分を受け入れられていないから。昔からずっと、そんな自分のことを否定しているからなんです。

そもそも、**人は、優しい部分もあるし、イジワルな部分もある。**どっちもあって、当たり前なんですよね。でも、小さい頃に、イジワルな自分を否定された経験があったり、お母さんが「イジワルな人って嫌い」と言っているのを聞いたりすると、「イジワルな私は愛されないんだ」と思い込んでしまう……。

自分の中のイジワルな部分を見つけるたびに、「そんな私はいらない！」と、否定してきたから、「イジワルな子ども」も受け入れられない。しかも、「イジワルな子ども」を見ていると、「我が子に嫌悪感を抱くイジワルな私」も見つけてしまう。それがまたつらい……。

だからこそ、**いじめる子どもにイライラしたくないのなら、イジワルな自分を受け入れることが必要**になってくるわけです。

私は、「イジワルな自分」が昔から大嫌いでした。

中学生のときの将来の夢は、「いい人になる」でした。イジワルや性格が悪いことは大嫌いで、自分の中のそれらを排除したくてたまらなかった。

でも、厄介なことに「イジワルな自分」「性格が悪い自分」は、嫌えば嫌うほど、目につくものだし、居座りつづけるんですよ。だから、息子のイジワルさも受け入れられなくて、異常にイライラしていたんですね。


そのことに気づいてからは、**「イジワルな私」を、ひたすらゆるしていく毎日でした。**恥ずかしながら、それは頻出したので、なん回も繰り返しゆるす。とにかくゆるす、ゆるす。

そうしたら、いつの間にか、息子にもイライラしなくなってきたんです。

イジワルをする息子に、**「そういう気持ちになっちゃうときもあるよね〜」**と、声を掛けたり、落ち着くまで抱きしめたりすることができるようになったのです。

兄弟をいじめる子どもにイライラする人は、まず、**自分の中にイジワルな自分**

がいるということに、気づいてあげてください。

表には出さないかもしれないけれど、頭の中が「イジワル」になっていること、けっこうあると思うんです。自分に厳しくてちゃんとしている人ほど、他人のできないところに目がいってしまうものだから。特に、身近な人やパートナー、子どもに対して、イジワルになっちゃう人、多いんじゃないかな。

さらに、そんな自分を次のようにゆるしてあげる。

「イジワルになっちゃうときもあるよね」
「優しい人を装っているけれど、私って、本当はイジワルなんだよね」
「イジワルな私も、いていいよ」……というように。

本当は、あなたのイジワルさを、表に出せるといいのです。

でもこれ、塩梅《あんばい》が難しい。イジワルなことを周りの人に言ったら、普通に「イジワルな人」になるから。かわいく〝毒〟を吐ける人や、うまいこと〝ぶった斬れる〟人もたまにいるんですけれど、キャラによるので、まあまあ危険。

だから、私がオススメするのは、**ひとりのときにイジワルなことをつぶやいて**

みたり、紙に書いたりすること。人にからむことなく、自分が自分のイジワルさをゆるしてあげる。これに徹すれば平和です。

人は、「こういう私はダメ」「こういう私は嫌い」が多ければ多いほど、苦しい。「こういう私」にならないように、ずっと監視していることになるから疲れます。そして、四六時中、**自分自身から「ダメ」「嫌い」と言われているんだから、それはもう、心も傷だらけになります。**

イジワルな私も、優しい私も、冷たい私も、温かい私も、みんな、私。

「こんな私はアリ」「こんな私はナシ」とジャッジせずに、「どんな私もいていいよ」って、受け入れられるといいですよね。

「どんな私でもいいよ」

ごはんを食べない子どもにイライラ

人の期待に応えられなくてもいい

ごはんを食べない子どもに**イライラ**

こんなときこの言葉を言ってみて。

魔法の言葉

「こんな私でも、お母さんは幸せ？」

ごはんを食べない子どもにイライラする人は、他人に気を使いすぎる人。**周りの人の期待に応えるために、ついついがんばりすぎてしまう人。**

もし、あなたがこのタイプだったのなら、小さい頃から、いつもお母さんの顔色をうかがっていたり、お母さんを喜ばせようと、がんばっていたりしたのかもしれません。

実際に、あなたがどんな子ども時代をすごしていたかはわかりません。

でも、「人の期待に応えられない私はダメ」「人を不快な気持ちにさせることは、なんとしてでも避けるべき」って、思い込んでいるんじゃないかな。

「ごはんを食べないこと」は、ごはんを作ってくれた人を不快な気持ちにさせること。**あなたは、「人を不快な気持ちにさせないように」って生きてきたから、それを平気で言ったり、やったりする子どもに腹が立つんです。**

満たされた状態で食事作りしているお母さんは、ものすごく少ない。

みんな、体も心もしんどいのに、なんとか力を振り絞って作っている。

だから、ごはんはもはや自分そのもの。「食べたくなーい」なんて言われた日には、自分のことも、自分のがんばりも、すべて否定されたような感覚に……。

ここで同じような悩みを抱えていたBさんの例をお話ししますね。

Bさんは、仕事から急いで帰って来て必死に作ったごはんを、子どもが食べないことにイライラしていたそうです。どうしてこんなにイライラするのかわからず、それでもずっと考えていたら、「食べ終わるまで無理やり食べさせられていた」という過去を思い出しました。

Bさんは、**当時の悲しい気持ちを感じ切ること、「イヤなら残していい」「人の期待に応えなくていい」とつぶやくことを実践し、「人の期待に無理し**

て応えること」をやめてみました。
すると、子どものごはんの好き嫌いや、残すことに、嫌悪感を覚えなくなったそうです。

「ごはんを食べてほしい」という気持ち、すごくよくわかります。でもその気持ち、いったんおいて、自分の心に向き合ってみてほしいのです。

どうしてこんなにも、腹が立つのか。どうしてこんなにも、ゆるせないのか。

じつは、そこにあなたが幸せに生きるためのヒントが隠されているのです。

まず、いつも自分が、人の気持ちばかり気にしていることに気づいてあげましょう。あなたは、きっと、**人を喜ばせることばかり考えていて、自分のことは喜ばせてあげられていないはず。**

そして、そんな自分の気持ちに寄り添ってあげましょう。いつも人の言葉や表情にビクビクしている自分のことを受け入れてあげつつ、「大丈夫だよ」って声を掛けてあげましょう。

「人の顔色、うかがっちゃうよね」

「人の期待に応えたくて、ついがんばりすぎちゃうよね」
「人の期待に応えられないと、嫌われてしまう気がして怖いよね」
「でもね、たとえ人の期待に応えられなくても、私は大丈夫」
「私は生きているだけでいつも誰かの役に立っているよ」……というように、ね。

さらに、人の目を気にしてできていないこと、**「よい人」「まともな人」だと思われたくてガマンしていることを、勇気を出してやってみてください。**

できあいのお惣菜《そうざい》やデリバリー、使っている？　ゴミ捨てやお皿洗い、パートナーにお願いしている？　地域の仕事、PTAの仕事、キャパオーバーなのに引き受けてない？　愛想笑いしてない？　なんでも自分ひとりで解決しようとしてない？　自分を「デキる人」に見せようと必死になってない？

他人の目を気にして、いっぱいいっぱいになって、一番大切にしたい自分や家族を大切にできないなんて、悲しい。

たとえ、あなたが人の期待に応えられなかったとしても、あなたの価値は変わらない。もちろん、人のことをコントロールすることはできないから、がっかりされたり、怒られたりすることはあるかもしれない。**それでも、あなたはすばらしい人だし、いつもなんらかのカタチで、誰かの役に立っている。**


人の気持ちを考えて行動することや、人に気を使うことってすてきなこと。

ただ、「それができない自分はダメだ」「それができない私は、価値がない」のような不安感や恐怖感からやっていることなのだとしたら、苦しいよね。

自分のことを、卑下しないで。自分のことを、いじめないで。

それは、あなたのことを大切に思ってくれている人に対して、ものすごく失礼だから。

あなたが、あなたの存在そのものを認めてあげられますように。

「人の期待に応えられなくても、
私は愛されている」

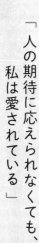

おもちゃを片づけない子どもにイライラ

少し がんばりすぎているかも……

おもちゃを
片づけない子どもに
イライラ

こんなとき
この言葉を言ってみて。

魔法の言葉

「がんばること、もう疲れちゃった」

おもちゃを片づけない子どもにイライラする人は、がんばりすぎてしまっている人。「ちゃんとしなきゃいけない」という思いが強すぎて、**自分に優しくすることができていない人。**

もし、あなたがこのタイプなら、あなたはきっと、「ちゃんとしたい人」だし、「がんばればちゃんとできる人」。

だから、「出したものを片づけない」というような、「ちゃんとしていない人」がとっても苦手。「開けたら、閉める」「点《つ》けたら、消す」、そんなことは当たり前だから、やろうとしない人に対して、とても腹が立つ。

もしくは、「ちゃんとしたいのに、ちゃんとできない自分に腹が立っている」という場合も。ちゃんとできない自分をいつも自分が責めているから、子どものことも責めたくなってしまうんですね。

「ちゃんとしなきゃいけない」と思い込んだきっかけは人それぞれ。小さい頃、ちゃんとやらないと怒られたというような経験があったり、お母さんが「しっかり者だった」「チャキチャキしていた」ということが影響していたりすることも。

また、お母さんがちゃんとしていない人で、友達のお母さんや家庭の状況と比較して劣等感を覚えていた、ということがきっかけになっていることもあります。

とにかく「ちゃんとしていなきゃダメ」とか「がんばらなきゃダメ」みたいな思い込みがすごく強いんですね。

まず、自分ががんばりすぎてしまっていることに気づいてあげましょう。「ちゃんとしなきゃいけない」という思いが強すぎて、苦しくなってしまっているということに気づいてあげてください。

そして、そんな自分に寄り添ってあげてください。

「ちゃんとしていないと不安だよね」

「がんばってもいいけれど、がんばらなくてもいいんだよ」

「完璧じゃなくても、ちゃんとしていなくても、私は大丈夫」

「私のことをこんなに責めているのは私だけかもしれないよ」……というふうに。


いまのあなたは、不安感や恐怖感から、がんばっているのかもしれない。

がんばっていないと、人から嫌われる気がして、認められない気がして、がっかりされる気がして、がんばっている。これ、すごくしんどいですよね。

しかも、この「不安感からの努力」をしている人って、いつも不機嫌だったり、他人にも努力を求めたりしがち。


どうせがんばるなら、「私ががんばりたいから、がんばる」のほうが、楽しいし、じつは結果も出やすい。

「(人から認められないのが)怖いから、がんばる」から「私ががんばりたいから、がんばる」にシフトするためには、まずはどんな自分のことも受け入れられることが大切です。

「がんばれる私も、がんばれない私も、どっちでもいい」
「結果を出せる私も、結果を出せない私も、どっちでもいい」

こんなふうに、どんな自分のことも、「自分が」受け入れてあげる。

そうは言っても、きっとあなたは、「がんばれなかったあのとき、あの人は認めてくれなかった！」「失敗したとき、あの人は私をバカにした！」みたいな感じで、きっと「認められなかった過去」を拾い集めてくると思うのです。

でもね、それすらも心のクセ。「できなかったこと」「うまくいかなかったこと」にばかり目を向けて、**「できたこと」「うまくいったこと」は、なぜかなかったことにしてしまうクセがあるだけ。**

その心のクセも、手動で変えていけばいいんです。

「できたこと」「うまくいったこと」に意識を向けて、認めてあげる。これを繰り返していると、だんだん自動で出来事を肯定的にとらえられるようになります。

繰り返しになりますが、不安感や恐怖感からの「苦しいがんばり」をしすぎない、ということが大切です。

がんばることそのものをしてはいけない、ということではない。**「楽しいがんばり」「したい努力」はいくらでもすればいいんです。**

「夢中になる」って、最高です。人生がつやめきます。

あとは、〝0か100か〟にこだわらないことも大切。

ずっとがんばってきた人って、「がんばらないこと」も完璧にやろうとしちゃう。いきなり、一切の家事をやらなくなる、とかね。

いきなり振り切れるのもひとつの方法だけれど、ゆるーく、のんびりでもいいかもしれない。自分にとって、心地いい状態、バランスを、少しずつでいいから見つけていきましょう。焦らなくて大丈夫。

「がんばっても、がんばらなくても、どっちでもいい」

Column 1

心のしくみを知って、世界が激変したお母さんたち

私がお伝えしているカウンセリング講座の生徒さんから、「心のしくみを知ったことで、子育てが変わった」という感想をたくさんいただいています。紹介しますね。

双子の子どもたちが教えてくれたこと【M・Sさん】

双子の寝かしつけがずっと大変でした。おんぶと抱っこで2人を抱え、いつも必死。長いと2時間。しかも、眠りにつくまで泣きつづけます。泣きやまない2人をベビーカーに乗せ、夜道を歩きながら泣いた日もあった。そんな子どもたち

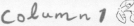

と、手伝ってくれない夫に、イライラが止まらなかったんです。

精神的に限界で、いつか虐待してしまいそうで怖かった。「虐待」という言葉が頭の中に思い浮かぶ自分も、ゆるせなかった。

でも、心のしくみを知って、このイライラの根っこには「私はひとりでがんばらなければいけない」「私のことなんか、誰も助けてくれない」という思い込みがあることに気づいたのです。

思い返せば、幼い頃から、母はいつも大変そうで、誰にも頼らず、ひとりでがんばっていました。「助けて」「つらい」「苦しい」なんて、言ったことがなかった。だから私も、お母さんと同じように、どんなにつらくても、ひとりで、誰の助けも借りず、弱音も吐かずにがんばっていました。

思い込みに気づいてからは、ひとりでがんばることをやめて、「人にお願いすること」「弱音を吐くこと」を意識しました。

夫に買い物を頼んだり、ひとりの時間がほしいとお願いしたり。子どもに手を上げそうになって怖くてたまらなくなったとき、近所のママ友に「助けてほしい」と連絡をしたり。夫もママ友も、快く助けてくれて、すごくうれしかった。

私は、ひとりでがんばらなければいけないと、ただ、思い込んでいただけでした。夫や周りの人が、**誰も助けてくれないのではなくて、私が「助けて」と言っていなかっただけでした。**私は、周りの温かい助けを、受け取ろうとしていなかっただけでした。

私はひとりでがんばらなくてもいい。誰かに頼っていい。甘えていい。助けてもらっていい。

そう思えるようになったら、目の前に広がる世界は激変しました。

私はいま、すごく幸せです。幸せな私とすごす子どもたちも、きっと幸せ。いまも、これからも、ずっと幸せ。

子育てを通して、やっと私は、「助けて」が言えるようになりました。子どもたちに感謝の気持ちでいっぱいです。

「ちゃんとしなきゃ」をゆるめたら子どもが変わった【K・Mさん】

私はいままで「ちゃんと」にこだわってきました。段取りよくテキパキとやりたいという気持ちが大きくて、やるべきことを「いま」しない子どもに、いつもイライラしていました。

「準備してからテレビを観《み》よう」「歯磨きしてから遊ぼう」「することしてから遊びなさい」というような言葉が、私の口グセでした。しかし、すなおに聞いてくれるはずもなく、時間がない朝はイライラの連続でした。

そこで私は、「ちゃんとしない子どもにイライラするということは、自分が、ちゃんとしなきゃ、と強く思い込みすぎているのかもしれない」と思い、ゆるめていくことを心掛けました。

まず、「ちゃんとしなくても認められる」と繰り返しつぶやいてみました。すると、自然と心が落ち着く感じがしました。

そして、私が「やるべきこと」だと思っていることは、「絶対にやるべきこと」なのか、考えるようにしました。すると、いま、必ずしもやらなければいけないことではないのかもしれない、と思えるようになりました。

さらに、いくつか「やらなければいけないこと」があるときには、気持ちが軽くなることからやったり、自分がやりたいことを優先したりするようにしました。たとえば、お皿を洗い終わってないけれど、自分の身支度をしてモチベーションを上げよう！　というように。**「○○が終わったら」とか「○○までしてから」というような、条件をつけることをできるだけやめていきました。**

私自身の、「やるべきことを、ちゃんとしなきゃ！」という気持ちがゆるめられたからか、子どもたちに強く求めることやイライラすることも自然と減り、声を掛けると普通にしてくれたり、自分たちで勝手にやってくれたりするようになりました。

口うるさく言ってしまっているときは気づかなかったけれど、じつは子どもたちって、「本当にやるべきこと」はわかっているような気がします。

もちろん、小さい頃は、声掛けやお手伝いも必要かもしれないけれど、ある程度大きくなったら、信頼して見守ることもきっと大切なんですよね。イライラせず、それができるようになったことが、とてもうれしいです。

chapter 2

あなたが
本当に
言いたかったことは?

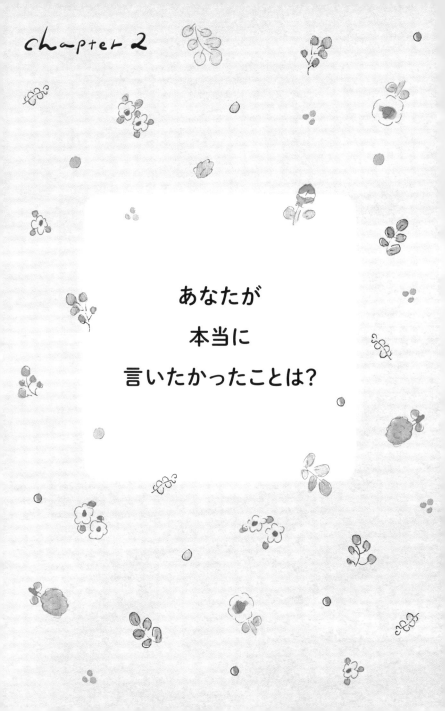

「イヤ！」と言う子どもにイライラ

子どもの「イヤ！」はよいお手本

「イヤ！」と言う子どもにイライラ

こんなとき
この言葉を言ってみて。

魔法の言葉

「本当はイヤ！って言いたかった」

私、子どもの「イヤ！」が、本当に苦手でした。

「イヤ！」って言われると、瞬間湯沸かし器のように、怒りの感情が爆発するんです。「瞬間」なのでコントロール不能。そんな自分が、すごく怖かった。

私がどうしてこんなにも子どもの「イヤ！」に、反応してしまっていたかというと、理由は超シンプル。**イヤなことを、イヤって言えていなかった。**それだけ。

「イヤ！」を感じる場面って、大抵相手がいますよね。険悪な雰囲気になることを想像すると、とてもじゃないけど言えなかった。嫌われそうで、怖いんです。

だから、イヤだと思っても、ついガマンしちゃう。

でもね、それって、自分の本当の気持ちを無視しているのと同じ。

私の気持ちを、私自身が大切にしてあげられていないということ。だから、私の心はとっても傷ついていたんです。

イヤイヤ期の子どもは、大変なイメージがありますね。

でもじつは、「イヤ!」と言えない私たちにとってはすばらしいお手本。

そして、イヤイヤ期の子どもの「イヤ!」はとても細かい。

「え? こんなことで?」とびっくりするようなちっぽけなことに、全力で「イヤ!」って言いつづける。

私たちも、それくらい自分の「イヤ!」に敏感になっていいんです(もちろん、表に出すかどうかは別として)。

「イヤ!」と言う子どもを受け入れられるようになるためには、まず、自分自身の「イヤ!」という気持ちに気づいてあげることが大切。

きっと、そんな感情をもっていることにすら、気づいていない。

なんだか心がモヤモヤしたとき、ザワザワしたときには、「イヤ!」が隠され

ていることが多いので、意識してみてください。

さらに、そんな自分の気持ちに共感してあげてほしいのです。

「子どものお世話、朝から晩までひとりでやっていたらイヤになっちゃうよね」

「子育てについて、他人からアドバイスされるのイヤだよね」……というように。

「仕方ない」「イヤだなんて思っちゃダメ」と、感情そのものをなかったことにしがち。でも、それやめましょう。その感情はすごく大切だから。

そして、少しずつでいいので、「イヤ」だと言ってみましょう。

あなたの「イヤ！」を、人に伝えられるようになりましょう。小さな、ささいな「イヤ！」を大切にしてあげて。

たとえば、パートナーに「ワンオペ育児が、本当はイヤなの」と言ってみる。

母親に「子育てについてアドバイスされると、ダメな母親だと思われているみたいでイヤなの」と言ってみる。

もちろん、私たちは大人だから、「イヤ！」の伝え方は、少し工夫する必要があります。

感情をぶちまけるような伝え方は、自分も相手もいい気分にはならないものね。

オススメは、あらかじめ紙に書き出しておくこと。**紙に書き出しておくだけで、ちょっと圧抜きができるから。**

私は、あるとき、「イヤ！」を言わないことで、自分の不幸を他人のせいにしていることに気づいたんです。

本当は夫の休日出勤がイヤだったのに、いい妻でいたい、というような思いがあって言わないでいたんです。でも心の中は「気づいてくれない夫、最低！」みたいなドス黒い感情でいっぱいに……。**勝手にいい妻ぶって、勝手にガマンして、勝手に怒っていたんですよね。**

だから勇気を出して、「休日出勤、イヤなの」「さびしい」って伝えてみたんです。そしたら、私のことも子どものことも気使ってくれるようになった。

休日出勤はなくならなかったけれど、すごく気持ちがラクになりました。

私がほしかったのは「気使い」とか「優しさ」だったんですよね。

「イヤ！」は勇気がいるけれど、勝手に他人を悪者にしないためにも、大事。

小さい頃に「イヤ！」が言えなかった人、ガマンが当たり前だった人は、周りの人に対して不機嫌を撒《ま》き散らす傾向にあるなあと思うんです。

「イヤ！」って言えないから、勝手に不機嫌になって「察してよ」「この不機嫌をどうにかしてよ」と他人に求める。これ、周りにいる人は超迷惑なんですよね。

子どもの頃に、ちゃんと「イヤ！」って言えること、とっても大切。

言えなかった人は、いまから練習しましょうね。

「私はもう、ガマンせずに、気持ちを伝えてもいい」

「行きたくない」と言う子どもにイライラ

新しい自分にシフトチェンジするときかも

保育園行きたくない
また～？
ヨロッ
昨日の夜、今日は行くって
言ってたよね？
いいかげんにしなさい！
やっぱりイヤー
行かない!!

「行きたくない」と言う子どもに**イライラ**

こんなとき
この言葉を言ってみて。

魔法の言葉

「本当は、あれもこれも、やりたくなかった」

ただでさえ忙しい朝。子どもに「学校行きたくない」「保育園お休みする」なんて言われた日には「カンベンしてよ〜」なんて思っちゃいますよね。

子どもの「行きたくない！」にイライラするお母さんは、「やりたくない！」が言えていないんです。

「やりたくない！　なんて言ってはいけない」と思っていたり、あらゆることを「仕方がない」とイヤイヤやっていたり。「やりたくないこと」を、ガマンしてやるのが当たり前になっている。

もう少しくわしく言うと、「やりたくないことを、やっていること」よりも、**「やりたくないことに対して、『やりたくない』と自分に言わせてあげていないこと」がイライラの根っこになっている**ことが多いように感じます。

「やりたくない」と自分が思うことすら、ゆるしてあげられていない、それが苦しい。もし、あなたがこのタイプなら、**小さい頃から「やりたくない」って言えなかったんじゃないかな、と思うんです。**

実際、やりたくないことをがんばった結果、得てきたこともたくさんあった。だから、「やりたくないことをがんばるって大事よね」と思っている人も多いでしょう。

でも、いま子どもの「やりたくない！」に異常にイライラしてしまっているのだとしたら、シフトチェンジが必要なのかもしれない。

あなたの心の中の「やりたくない」を、もうちょっと大切にしてあげてほしいんです。Cさんの例をここでご紹介しますね。

フルタイムで仕事をしているCさんは、子どもが登園したがらないことに悩んでいました。イヤなこともがんばるのが当たり前だったCさんは、一生懸命説得して、なんとか行かせようとしました。

しかし、状況は変わらない。

子どもが求めているのは、正論ではなくて〝共感〟だと気づいたCさん。

まずは、自分が自分の気持ちに「イヤだよね〜わかるよ〜」と共感したり、しんどいなと思ったら勇気を出して誰かに頼ったりすることを意識しました。

すると、いつの間にか子どもが登園をイヤがることはなくなったそうです。


このように、**お母さんが自分自身の心に向き合うことで、子どもへのかかわり方が変わり、現実も望む方向に変化することが、たくさんあります。**


まず、自分自身の「やりたくないこと」に気づいてあげてください。

たとえば、「子どもを連れての買い物、行きたくない」「残業したくない」というようなこと。「本当はやりたくないこと」って、きっとたくさんあるはず。

さらに、そんな自分の気持ちに寄り添ってあげてください。きっと、これまでは、そんなことを思ってしまう自分を責めたり、説得したりしていると思うんです。まずはとにかくそう思ってしまうこと自体を、ゆるしてあげて。

「スーパーに子どもと一緒に行くのって、疲れちゃうよね」

「残業したくない、イヤだ、って思ってもいいよ」……というように。

また、「どうせやるなら楽しくやるべき」みたいな**「無理やりポジティブ」も、いったんやめてみてください。**そして、あなたが「やりたくない」と感じていることをやめるためにはどうしたらいいか、考えてみてください。

たとえば、家事や子育てがラクになるようなサービスはないか、調べてみる。「もう子どものお迎えに行かなければいけないので、今日は残業できないんです。明日でもいいですか？」と上司に聞いてみる。

「やりたいことをやる」よりも、「やりたくないことをやめる」ことのほうが、じつは大切。

子育て中のお母さんは、やらなきゃいけないことが、びっくりするほどありますよね。その状態から「やりたいことをやる」はかなり難易度が高い。だからまず、やりたくないことを、どうにかしてやめていくことが大切。

このとき、注意してほしいのが、**「完全にやめる」「不快な条件ゼロ」を目指さないことです。**物事にはだいたい、メリットとデメリットがある。

「やめたらすべてがうまくいく！」ということはまれ。
たとえば、「食事作りを完全にやめると、お金がかかる」「子連れ買い物をやめてネットスーパーを利用すると、配達時間には家にいないといけない」「残業をすべて断ると、ワガママな人だと思われるかもしれない」などありますよね？

ここは仕方がないというか、**「完全にやめる」を目指すと、かえってしんどいこともあるので、折り合いをつけることも必要かなあって思うんですよね。**他人がかかわることだと、実際にはやめられないことも多いですしね。

とはいえ、「やりたくない」という自分の気持ちに寄り添って、勇気を出してなんらかの行動をしてみると、自分の心が驚くほど満たされるものです。

もうそろそろ、自分のために「やりたくないことをやらない」勇気を。

「やりたくないって、思ってもいい」

乱暴な言葉を使う子どもにイライラ

子どもが親に暴言を吐けるなら「子育て大成功」

おかえりー、
ちゃんと手を洗いなさい
ただいま
うっせーー！
だまれ！

乱暴な言葉を使う子どもにイライラ

こんなとき
この言葉を言ってみて。

魔法の言葉

「私を嫌いにならないで」

「バカ！」「うるさい！」そんな我が子の暴言を聞くと、悲しくなってしまいますよね。

「私の子育てが間違っているからかも……」と自分を責めたくなったり、「学校の影響かも……」なんて、周りの友達を責めたくなったりもする。

でもまず、お伝えしたいのは、**子どもがお母さんに対して暴言を吐けているのなら、子育て大成功です。**「お母さんは、どんな自分のことも受け入れてくれる」と、子どもが思えているということだから。

そうは言っても、乱暴な言葉を使う子どもには、悲しくなるだけでなく、イライラする……。もし、あなたがこのタイプなら、そのイライラの理由は、**ダメな**

自分のことを認めてあげられていないからなんです。

「すてきな自分」しか出しちゃいけないと思っている。優しくておだやかな自分は認めてあげられるけれど、**冷たくて攻撃的な自分というのは受け入れられていない状態**なんですよね。

そんな自分を受け入れられるようになると、ラクになります。

人は「こんな自分はダメ」という自分に対する否定があればあるほど、苦しくなる。そして、人のことも否定したくなるものなんです。

反対に、どんな自分のことも「こんな自分もいていいよね」と、受け入れられると、心がラクになるし、周りの人のことも「こういう人もいるよね」と尊重できるようになる。

これは、「冷たくて攻撃的な人間になりなさい」という意味ではないですからね。**いまのあなたは「こんな自分はダメ!」という思い込みが強すぎるから、もうちょっとゆるめてあげたほうがいいよ、という意味なんです。**

あなたはきっと、小さい頃に「冷たくて攻撃的な自分は嫌われる」「そんな自分だと他人から受け入れられない」と思い込んだのだと思います。

それは、おそらく、お母さんとのかかわりの中だったのでしょう。言葉ではっきりと言われたかもしれないし、もしかしたら表情なんかでそう思い込んだのかもしれない。

また、お母さんから冷たくて攻撃的な言葉を投げ掛けられたり、お母さんが誰かからイジワルなことを言われているのを見たりした経験が影響していることも。

まずは、あなたの中に冷たさや攻撃性があることに気づいてあげましょう。

子どもやパートナーなど、身近な人に対しては特に、冷たく接してしまったり、攻撃的になってしまったりすること、きっとあると思うんですよね。

私なんてまさに、時間的な余裕がなかったり、やりたいことができていなかったりすると、すぐイジワルになっちゃうんですよ。

他人とかかわるときに「機嫌を損ねないように」「嫌われないように」ってすごく緊張している分、**家族と一緒にいるときは、つい気がゆるんでしまうみたいで、**

イヤ～な自分が出てくる。一番大切にしたいのは他人じゃなくて家族なのにね。

イヤ～な自分って、当然のことながら受け入れたくないんですけれど、いったん、受け入れてあげるんです。ゆるしてあげるんです。

そんな自分がいることに気づいて、「冷たくしちゃうことや、攻撃的になっちゃうことも、あるよね」「そんな私もいていいよ」と、ゆるしてあげるんです。

そして、そういう自分を少しずつでいいから、日常的に出せるようにする。

でも、「気に入らないことがあったら暴言を吐きまくる！」とかじゃないですよ。せっかく一生懸命がんばって築いた人間関係をぐちゃぐちゃにしてしまうのって悲しいですもんね。だから、Chapter1の50ページでお話ししたように、トイレとか誰もいないところで〝毒〟を吐いてみたり、いつも抑え込んでいる感情を紙に書き出してみたりするのです。

乱暴な言葉を使う我が子のような攻撃性が、自分にもあるということを認めて、ゆるして、それをなるべく人に迷惑を掛けないカタチで外に出してあげる。

こんなふうに、「冷たい自分」や「攻撃的な自分」も受け入れることができる

郵 便 は が き

料金受取人払郵便

新宿北局承認

8952

差出有効期間
2023年10月
31日まで
切手を貼らずに
お出しください。

169-8790

154

東京都新宿区
高田馬場2-16-11
高田馬場216ビル 5 F

サンマーク出版愛読者係行

ご 住 所	〒 都道府県	
フリガナ		☎
お 名 前		(　　　)
電子メールアドレス		

ご記入されたご住所、お名前、メールアドレスなどは企画の参考、企画用アンケートの依頼、および商品情報の案内の目的にのみ使用するもので、他の目的では使用いたしません。
尚、下記をご希望の方には無料で郵送いたしますので、□欄に✓印を記入し投函して下さい。
□サンマーク出版発行図書目録

1 お買い求めいただいた本の名。

2 本書をお読みになった感想。

3 お買い求めになった書店名。

市・区・郡　　　　町・村　　　　書店

4 本書をお買い求めになった動機は?

・書店で見て　　・人にすすめられて
・新聞広告を見て(朝日・読売・毎日・日経・その他＝　　　)
・雑誌広告を見て(掲載誌＝　　　)
・その他(　　　)

ご購読ありがとうございます。今後の出版物の参考とさせていただきますので、上記のアンケートにお答えください。**抽選で毎月10名の方に図書カード(1000円分)をお送りします。**なお、ご記入いただいた個人情報以外のデータは編集資料の他、広告に使用させていただく場合がございます。

5 下記、ご記入お願いします。

ご職業	1 会社員(業種　　)2 自営業(業種　　) 3 公務員(職種　　)4 学生(中・高・高専・大・専門・院) 5 主婦　　6 その他(　　)		
性別	男・女	年齢	歳

ホームページ　http://www.sunmark.co.jp　　ご協力ありがとうございました。

ようになると、「ぶっきらぼうなコンビニの店員さん」とか「運転中、割り込まれたことに対して超怒っているおじさん」といった**冷たい人や、攻撃的な人に対しても心がザワザワしなくなってくる。**

「こういう人もいるよね」と思えるようになったり、「このおじさん、小さい頃お母さんに反抗できなかったから、いまこんなふうに他人に対して暴言吐いちゃうのかも？」なんて、想像できるようになったりする。

子どものことは、心配しなくて大丈夫。

救ってあげなきゃいけないのは、あなた自身。**「こんな私も、私なんだなあ」「こんな私で生きていくしかないんだなあ」**と、**いい意味で「あきらめて」ほしいな。**そしたら、あなたはより一層輝き出すと思うから。

「こんな私で生きていく」

「家より保育園のほうが楽しい！」と言う子どもにイライラ

遠慮せず幸せになっていい

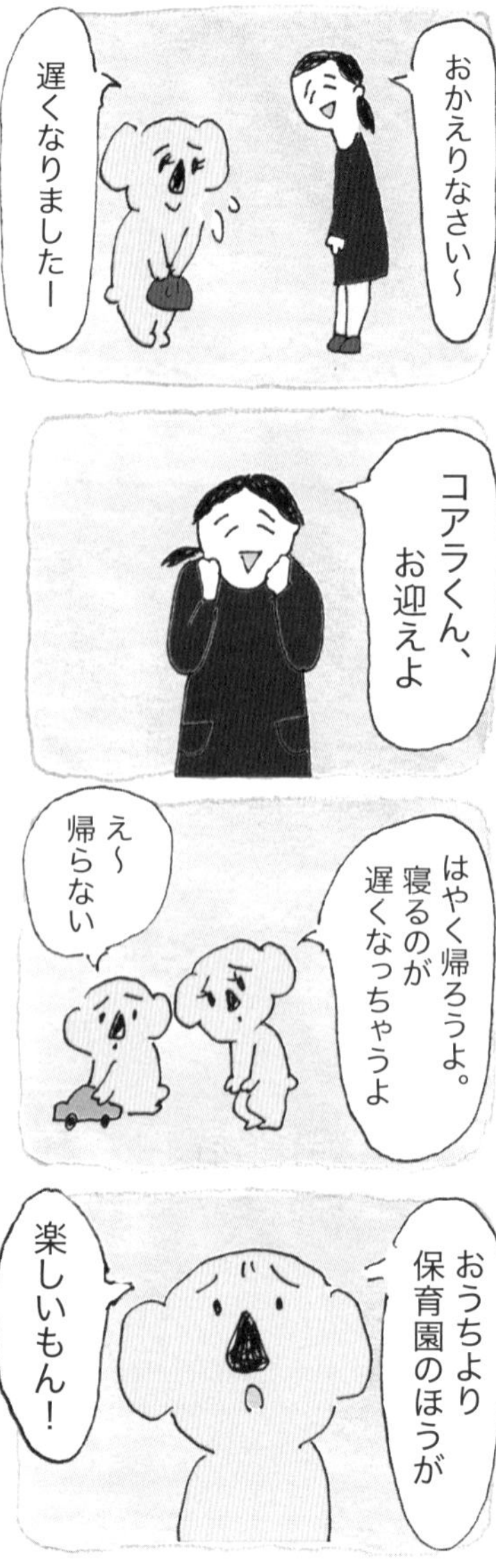

「家より保育園のほうが楽しい！」と言う子どもに**イライラ**

こんなとき
この言葉を言ってみて。

魔法の言葉

「幸せそうにしていてほしかった」

「家より保育園のほうが楽しい！」なんて言われると、悲しくなっちゃいますよね。自分が必要のない存在な気がして……。

この言葉にイライラするのは、「私は人を幸せにすることができない」と思い込んでいるから。

もし、あなたがこのタイプなら、小さい頃、お母さんを笑顔にするために、すごくがんばっていたんじゃないかなあと思うんです。「お母さんの役に立ちたい」「お母さんを助けたい」って、いつも思っていた。大好きなお母さんに必要とされたかったし、「私がいるからお母さんは幸せなんだ」って思いたかった。

でも実際は、**お母さんはいつも大変そうで、かわいそうで、幸せそうには見え**

なかった。そうすると、不安になるんですよね、子どもって。

「私って、生まれてきてよかったのかな」と思ってしまう。もしかしたら、自分よりも他の家族、たとえば兄弟なんかが必要とされている気がしてさびしかった……という経験もあるかもしれないですね。


まずは、自分の中に「人に必要とされたい」という気持ちが強くあるということに気づいてあげてください。「人に必要とされないと、生きている価値が見出《みいだ》せない」。そんな切ない思いが、自分の中にあることに、気づいてあげる。

そして、「必要とされたい」と思う自分のことをいったん、ゆるしてあげる。

次に、**「必要とされても、されなくても、私は変わらず愛されている」のだと知ってください。**

「人に必要とされると、安心するよね」

「人の役に立っていると、生きていていいんだ、って思えるんだよね」

「でも、人から必要とされていなくても、私は生きている価値があるんだよ」

「私はいつだって、なんらかのカタチで人の役に立っているよ」

「必要とされても、されなくても、私は愛されているし、とっても尊いよ」……というように。

さらに、**人を幸せにしようとすることより、自分を幸せにすることに、エネルギーと時間とお金を使ってみてください。**

人のためになにかをすることって、すてきなことです。喜んでもらえると、幸せ。でも、その経験って、もうたくさんしてきたと思うのです。

きっと、いまのあなたに必要なのは、「人に喜んでもらうことで、自分が幸せを感じること」ではなくて**「自分を喜ばせることで、幸せを感じられるのだと知ること」じゃないかな。**「私は、自分次第で幸せに生きることができるんだ」ということを体感してほしいのです。

みんな自覚がないけれど、「人を幸せにしてからじゃないと、自分が幸せになってはいけない」と、思い込んでいる人が、じつはすごく多いのです。

幸せになることに罪悪感があるのは、お母さんを差し置いて幸せになることに、申し訳なさがあるから。

でもね、お母さんは、ただただただあなたの幸せを願って、「大変そうに」していただけだと思うのです。とにかく、あなたに幸せになってほしかったんです。

あなたが幸せになることで、あの頃の「大変そうなお母さん」も報われるというもの。**遠慮せず、幸せになっていいんです。あなたが幸せなら、お母さんも幸せなのだから。**

これまでの人生は、人に必要とされ、人の役に立ち、人を幸せにすることで、自分の存在価値を感じてきたかもしれない。

でもこれからは、そんなことをしなくても、自分は価値があるんだ、生きていていいんだ、という「証拠集め」をしていきましょうね。

ちなみに、私は、「家より保育園のほうが楽しい！」って子どもに言われたら、うれしいし、安心するんです。

なぜなら、私は「自分が母親として必要とされているかどうか」より「子どもがお友達とうまくかかわることができているかどうか」のほうが、気になるから。
これは、私自身が「人に好かれなきゃダメ！」って強く思い込んでいるからなんですよね。「必要とされなきゃダメ！」という思い込みもあるんだけれど、「人に好かれなきゃダメ！」という思い込みのほうが、強いのです。
同じ「家より保育園のほうが楽しい！」という言葉でも、そのお母さんがどんな思い込みをもっているかによって、とらえ方が変わるわけです。

自分が悩んでいたり、イライラしたりしていることって、他の人にとっては問題じゃない、ということもたくさんある。

「○○はダメ！」という思い込みさえアップデートすることができれば、子どもの言葉にいちいちイライラしなくても済む。すごくラクになるんです。

「生きているだけで、私は人を幸せにしている」

「ママよりパパのほうが好き！」と言う子どもにイライラ

自分のご機嫌を取ろう

行ってきまーす
パパ行かないで〜
こらーパパ困らせないの
ママがいるでしょ
ママよりパパのほうが好き！
パ
パ

「ママよりパパのほうが好き！」と言う子どもにイライラ

こんなとき この言葉を言ってみて。

魔法の言葉

「私、ここにいていい？」

もし、あなたが「ママよりパパのほうが好き！」と言われることで、イライラするなら、小さい頃、お母さんを喜ばせたい、悲しませたくないといつも思っていたんじゃないかな。

常に顔色をうかがって、「自分にできることはないかな？」と考えていた。子どもなのに、空気読んで、気使って……。「いま、このこと言ってもいいかな？」「こんなこと言ったら、お母さん悲しませちゃうかな？」って、自分が発する言葉を、いつの間にかすごく気にするようになった。

だからね、「ママよりパパのほうが好き！」なんて「ママの前で」平気で言えちゃう子どもに腹が立つんです。**自分の気持ちなんていつも後回しで、人の気持**

ちばかり考えてきたあなたにとって、「アリエナイ」ことだから。

つまり、「ママよりパパのほうが好き！」と言う子どもにイライラする人は、いつも人のご機嫌を取ろうとがんばっている人。人を喜ばせたい、人を悲しませたくない、という思いが強すぎる人。

人を喜ばせてなんぼだと思っている……これは一見、すばらしいことだけど、けっこう危うい。「人を喜ばせることができないと、ここにいてはいけない」くらいに、思い込んでいる場合もあるから。

私なんて、職場の同僚や上司が怒っているときも、ご機嫌取りしたくなっていました。自分はまったく関係なくても。

そもそも、自分の周りにいる人の表情や話し方などを、いつも気にしているんです。「その人はいま、どういう状態なのか」を常に把握していたい。自分のことなんてどうでもよくて、他人が気になる。そして、その他人の状態に、自分がかなり影響される。

まずは、人のご機嫌を取ることに必死になりすぎて、**自分のことをほったらかしていること**に気づいてあげましょう。

「人の心の状態」はいつも気にしているのに、「自分の心の状態」なんて考えたこともないという、おかしな状況になっているということに気づいてあげる。


そして、常に人を喜ばせていないと不安になってしまう自分に寄り添いつつ、「喜ばせられなくても大丈夫だよ」と声を掛けてあげましょう。

「人が笑っていてくれないと、不安だよね」

「人を喜ばせられていないと、この場にいてはいけない気がしちゃうんだよね」

「不快な気持ちにさせていないかなって気にしちゃうよね」

「人を喜ばせられなくても、大丈夫だよ」

「人の気持ちは、私がコントロールできないし、しなくてもいいんだよ」

「人を喜ばせられなくても、そこにいていいんだよ」……というように。


さらに、**人のご機嫌を取ろうとすることを、やめてみましょう。**人のご機嫌を取ることより、自分のご機嫌を取ることを意識してほしいのです。

ほうっておくと、あなたは人と一緒にいるときずっと、人のご機嫌取りをしていると思うんです。この「ずっと」というのが、苦しい。

「一緒にいる人のことを喜ばせなければ、私の存在価値はない」というのと「一緒にいる人のことを喜ばせても、喜ばせなくても、私はここにいていい」というのとでは、心のもちようがまったく変わります。

気の利いたこと、言ってもいいし、言わなくてもいい。
相手をほめることをしてもいいし、しなくてもいい。
笑顔で相づちを打ってもいいし、しなくてもいい。
「どっちでもいい」を、人と一緒にいるとき、自分自身に許可してあげて。

人のご機嫌取りをしたくなる自分を見つけたら、「しなくても大丈夫だよ」と、伝えてあげてください。

そして、意識的に自分のご機嫌取りをしてみる。そうすると気づくのです。自分のご機嫌取りって意外に難しいということに。

ちなみに、**人のご機嫌を取っている人って、自分の機嫌も人に取ってもらおうとするものなんです。**「自分がご機嫌かどうかは、周りの人次第（人のせい）」だから、「自分で自分をご機嫌にする」ということをやってきていない分、苦手。

いますぐできる、簡単なご機嫌取りは、**「人のご機嫌を取るためにやってきたことを、自分にする」**ということ。

つまり、自分に対して、気の利いたことを言ったり、ほめたりしてあげる。

ずっとずっと、他人「だけ」に向いていた気使いを、自分に。

自分のご機嫌は、自分で取ろう。

「もっと自分に目を向けてあげていい」

Column 2

「イヤだ」とはっきり言うことができる息子は、私のお手本

私自身、子どもからたくさんのことを教えてもらっています。心のしくみを学ぶまでは、悩んでばかりだったけど、いまはとらえ方が変わってきました。そんなエピソードをご紹介しますね。

その日は、5歳の息子と3歳の娘の、七五三の写真撮影日でした。

予約したスタジオは、毎年家族写真を撮影してもらっているところ。人見知りや場所見知りがひどい息子だけど、もう5歳だし、なんなら3歳のときにも着物で撮影しているし、きっと大丈夫。

撮影日の前には、過去に撮った写真を見ながら話をして、息子も「楽しみだね」と言っていました。

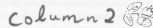

でも、**当日、着物を選ばせようとすると、いきなり不機嫌に。**「着物ヤダ」「着ない」の一点張り。どうにかこうにか、「まだ、マシ」という着物を選ばせ、お着替えに入りました。

私の支度に時間がかかるということで、息子が先にひとりで撮影してもらうことになりました。支度が終わり、撮影場所へ向かうと、息子はいまにも泣き出しそうな顔で、「イヤだ」と言って、夫にくっついています。

スタッフさんが、「あと少しだよ」「ここで撮ったらおしまいだよ」と励ましたり、面白いことをして笑わせようとしたりしてくれているのですが、息子はとうとう声をあげて泣きはじめました。

5歳です。むしろ、もうすぐ6歳。それなのに、号泣して全力で撮影拒否。心のしくみを学ぶ前なら、「もういいかげんにしなさい！　ちゃんとやらないと終わらないの！」ってブチ切れていたと思います。

「こんなに神経質になったのは、私の育て方が悪いんだ」なんて、自分を責めていたとも思います。

でも、私はそのとき、**「5歳にもなって、こんなふうに全力で泣けるなんて、うちの子すごいなあ」って心の底から思えた。**もちろん、スタッフの方には、「ごめんなさい」「ありがとうございます」と伝えました。

息子のことは、純粋に「すごいなあ」って思えた。**「そっか〜イヤなんだね」と共感しながら抱きしめたら、ちょっと落ち着いて、**なんとか最後まで撮影してもらうことができました。

私は、イヤなことも、ついガマンしちゃう。そして結局、苦しくなって、「気づいてくれない」「助けてくれない」って、他人を悪者にしちゃう。**けれど、息子はちゃんと「イヤ」って言える。**

私たちは、つい、「子どもに教えてあげなければ」と思ってしまう。

でもじつは、子どものほうが、幸せに生きるための方法を知っているのかもしれません。

chapter 3

もう、ひとりで がんばらなくていい

ワガママな子どもにイライラ

「ちょっとワガママ」くらいがちょうどいい

ワガママな子どもに
イライラ

こんなとき
この言葉を言ってみて。

「私だって、言いたいこと、言いたかった。やりたいこと、やりたかった」

子どものワガママにイライラするのは、自分がワガママを言えていないから。

つまり、**普段から言いたいことが全然言えていないからなんです。**

私は小さい頃からずっと、「ワガママはダメ」だと思っていました。ワガママを言うと怒られたり、悲しい顔をされたりしたから、いつの間にか「ガマン」が当たり前になっていた。

もしあなたが、ワガママな子どもにイライラするなら、きっと私と同じだったんじゃないかな。

「子どものワガママをもうちょっと寛大に受け止めたいな」「イライラしたくないな」というとき、どうすればいいでしょう。

それには、自分の「ワガママ」をゆるしてあげるのが一番。

きっと、あなたは普段から、人に合わせることを常に意識していたり、空気を読もうと必死だったりすると思うんです。

ワガママだと人に判断されることを恐れて、言いたいことはガマンしているはずだし、「なるべく周りから浮かない行動」を選択しようとしているはず。

そして、「ワガママな人になるまい！」と自分で自分を常に監視している分、人のことまで異常に監視してしまっている。

子どものワガママなところに腹が立つだけじゃなくて、ママ友のワガママ、職場の同僚のワガママ、しまいにはスーパーのレジで前に並んでいる人のワガママ……にまでイラッとする。

人のワガママにまで反応してしまうほどの「ワガママ絶対禁止状態」は、しんどい。だから、**ちょっぴり自分に「ワガママ」をゆるしてあげてほしいのです。**

まずは、「私ってけっこうワガママなのかも」ということに気づいてあげてください。人って本来、やりたいことをガマンしたくない。

周りの人のことなんて気にせず、時間や環境やお金にとらわれず、好き勝手に生きたい。赤ちゃんとか子どもってそうじゃないですか？　あれがきっと、本来の姿。

さらに、そんな自分をゆるしてあげるんです。

「あれ、私って思っていたよりワガママかも……でも、まいっか！」「私ってガマンしすぎかも……もうちょっとワガママになってもいいよね」というように。

そして、**少しだけワガママを言ってみたり、やってみたりしてほしいのです。**

やりたい放題、言いたい放題のワガママ女にいますぐなりましょう……という意味ではありません。周りもびっくりするしね。いつもガマンして言えなかったことを、少し勇気を出して言うなど、そういうことでいいんです。

たとえば、ママ友とのランチ会の場所を決めるときに、「あのレストランに行ってみたかったんだよね」と提案してみる。パートナーに、「誕生日には、あのネックレスがほしいな」とお願いしてみる。

人と一緒にいるときに、タイミングを見計らうことなく、行きたいときにトイレに行ってみる。美容院で「やっぱりもう少し前髪切ってもらっていいですか？」とお願いしてみる。

とにかく「これくらいガマンすればいいか」と思っていることに、敏感になってみる。そして、**その小さなガマンをやめてみるんです。**

もちろん、相手がいることに関しては、勇気を出して言ってみても、希望通りにならないことだってあります。でも、言ってみる。自分の思いを伝えてみる。それが大事。

そもそも、「言わない」を選択することって、**「それを言ったら相手は私のことをよく思わないに違いない」と相手を見くびっているのと同じこと。**それ、じつは、とても失礼。

ちなみに、自分の体験から、「これはダメ」「あれはダメ」って思い込んでしまうことが多いのだけど、やはり自分のお母さんの生き方も影響します。

子どもって、お母さんが大好き。だからお母さんの生き方、生き様って否定したくないわけです。

だから、「お母さんがやりたいことをガマンしていた」としたら、それがあなたの「絶対」や「当たり前」になるのは当然。**無意識ですけど、私たちは、お母さんが嫌いそうなことは、やらないようにしたり、避けようとしたりする。**

ワガママな子どもにイライラしてしまうお母さんって、基本的にはワガママを言うことが苦手。どうしても経験値が低いから。その一方、「ガマン」は息をするようにできるんだけどね。

子どもをお手本にしながら、ちょっと勇気を出して、言ってみたり、やってみたりしてくださいね。

「私は、いまよりちょっと
ワガママなくらいが、ちょうどいい」

甘えてくる子どもにイライラ

もう、ひとりでがんばらなくていい

はい、急いで着替えようね
ママ〜お着替えできない
ママ〜
ごはん食べさせて
あーん
もー、赤ちゃんじゃないんだから!
おひざに座る〜

甘えてくる子どもにイライラ

こんなとき
この言葉を言ってみて。

魔法の言葉

「私だけ見てほしかった」

甘えてくる子どもにイライラする人は、人に甘えられない人。「甘えてはいけない」と強く思い込んできた人。「甘えてはいけない」という思い込みは、育ってきた環境が影響していることが多いなあと感じています。

「お母さんがいつも忙しそうだった」とか「お母さんの目が、兄弟や父親、祖父母などに向いているように感じ、ガマンしていた」とか。

つまり、**自分自身がお母さんに甘えたくても甘えられなくて悲しかったから、甘えてくる子どもにイライラする。**「私は甘えたくても甘えられなかったのに！」「どうしてあなたはガマンできないの！」というような感情が湧いてきてしまう。

ちなみに、甘えられなかった人は、「それは仕方がなかったこと」だと認識し

ている場合が多い。「お母さん、お仕事がんばってくれていたもんね」「家事と子育てと介護で大変だったもんね」というように……。

もし、あなたがこのタイプなら、お母さんのことが大好きだからこそ、**「甘えたい」なんて言えずに、そして言わずに、「仕方ない」って言い聞かせていたんですよね。**でもね、その抑えていた感情や気持ちが、まだ心の中に残っているのかもしれない。

甘えてくる子どもにイライラしたくないと思うのなら、**自分自身に対して「甘える」「頼る」ということを許可してあげるといいんです。**

人に頼ることは、自分を信頼することができていないと難しい。「人に頼っても、私は嫌われない」と思えていないと、恐ろしくてできないんですね。

「できる自分」には価値があって、「できない自分」には価値がないという思い込みがある人にとって、**できない自分を露呈する「頼る」という行為は、ただただ恐怖。**さらに、人を頼ることは、その相手を信頼していないとできない。「私が頼っても、この人は私のことを嫌わない」。そう思えていないと、頼れないいんですよね。

ちなみに私も、人に頼れない人間でした。つまり、自分のことも、他人のことも信頼することができていなかった。自分はともかくとして、周りの人に対して、「頼ったら、どうせ私のこと嫌うんでしょ」「ダメなやつだとバカにするんでしょ」なんて、心の奥底では思っていたということ。恥ずかしい……。

相手のことを信頼し、尊敬できているからこそ頼ることができる。それに気づいたとき、なんでもかんでもひとりでがんばろうとするのは、意識的にやめました。どうしてもできないことや苦手なことは、潔く頼る。

私の場合、ひとりでがんばろうとすると、どうしても余裕がなくなったり不機嫌になったりしてしまいます。Dさんもそうだったようです。ご紹介しますね。

3人の子どものお母さんであるDさんは、一番上の子の「抱っこして」という要求を不快に感じていました。

掘り下げてみると、自分自身に「もっと甘えたい」という気持ちがあることに気づきました。それからというもの、「甘えたい」と思う自分の気持ちに寄り添ってあげたり、お母さんに電話で話を聞いてもらったりすることを心掛けました。

　すると、子どもの「抱っこして」という言葉にもイライラすることがなくなり、「私を愛してくれてありがとう」と思えるようにもなったのです。

　まずお母さんが、**自分自身の「甘えたい」という気持ちをゆるしてあげることで、子どもの気持ちも受け入れてあげられるようになる。**こんなことが、本当によくあります。

　まずは、あなた自身が、本当はいま甘えたい、頼りたい、と思っていることに気づいてあげましょう。**「ひとりでがんばるのはもう無理かも」と認めてあげてください。**

　さらに、そんな自分の気持ちに共感してあげましょう。ゆるしてあげましょう。

「ひとりでがんばるのってしんどいよね」「人に頼りたい、甘えたい、と思うことは、情けないことじゃないよ」というように。

そして、勇気を出して周りの人に頼ってみてください。

パートナーに「最近疲れているから、5分だけ肩もみしてくれない？」とお願いしてみる。

子どもの担任の先生に「子どものこういうところが気になって仕方ないんです。なにかいい方法はありませんか？」と相談してみる。

母親に「来週の日曜日、2時間だけ子どもたちを見ていてくれない？」とお願いして、カフェでゆっくりお茶する時間を作る。

子どもって、親の言うことは聞かないけれど、親の生き様は怖いほどよく見ている。「人は支え合って生きている」「世の中は優しい」ということを、お母さんの生き方で、子どもに伝えませんか。

「頼ってもいい。甘えてもいい。
愛されているから」

すぐ怒る子どもにイライラ

「怒ってはいけない」というのは思い込み

こんなとき
この言葉を言ってみて。

「ガマンしていることに気づいてほしかった」

小さなことですぐに怒る子どもに対してイライラしてしまうお母さん、きっと多いですよね。「なんでそんなことで怒るの！　それくらいガマンしなさい！」なんて怒ってしまい、「私も同じように怒っているし……」と自己嫌悪。

すぐ怒る子どもにイライラするのは、「怒ってはいけない」と強く思い込んでいるから。

小さい頃に、自分が怒ると誰かから怒られたことがあったり、身近な大人がいつも怒っていたり……といったことが根っこにある場合が多いのです。

もし、あなたがこのタイプなら、小さい頃から「怒ること」をガマンしてきたんですよね。学校や職場では、他人からイヤなことを言われても、理不尽な出来事があっても、グッとガマンしてきた。

本来、「怒り」は悪者ではないんです。人の感情、喜怒哀楽はすべてが大切。

ただ、あなたはこれまでに何度も「怒り」によって傷ついてきたから、「怒り」に対して抵抗感がある。自分から出てくる「怒り」という感情が大嫌いだし、きっと他人の「怒り」も受け入れられない。怒っている人を見ると、きっとソワソワしてしまっていると思うんですよね。


じつは私もそう。知らない人が怒っているのも見たくないし、身近な人が怒っていると、気になって仕方がない。

「もしかして私が原因かも？」とすごく心配になって、**「もう怒ってないかな？」なんて監視したり、機嫌を取ろうとがんばってしまったりする。**

これすべて、自分の「怒り」の感情を否定しているから。「怒ってはいけない」という自分の思い込みが、私の生きづらさに繋《つな》がっていたんです。

こんな例があります。

Eさんはすぐ「お母さん大嫌い！」と怒る子どもにイライラしていました。あるとき「小さい頃から自分の感情を出せていなかったから、思い切り感情を出している子どもにイライラするのかもしれない」と思ったEさんは、**小さい頃の自分になったつもりで「お母さん大嫌い！」と言ってみました。**

すると涙があふれ、「私はもう、感情を抑えなくてもいいんだ」と思えたのです。それからというもの、「こんなに上手に感情を表現できてすごい」と子どものことを受け入れられるようになり、子どもも、すぐ怒ることがなくなりました。

このように、子どもへのイライラをきっかけにして、**お母さん自身が言いたかった言葉を言えることで、目の前の問題が嘘《うそ》のようになくなってしまうことがあります。**問題だととらえがちな子どもの姿は、お母さんの生きづらさを解消するヒントになるんです。

すぐ怒る子どもへのイライラが止まらないときは、まず、自分自身の「怒り」に気づいてあげましょう。

Eさんのように、過去の怒りに目を向けてみるのもひとつの方法だけれど、「もしかしたら私にも、怒りたいことがあるのかも」というように、**いま、怒っているとはないかと考えてみるのもオススメ。**

なかったことにしていたけれど、「あのときの、あの人のあの発言、すごくイヤだったのかも」と、じつは自分が怒っていることってけっこうある。そういう小さな怒りに目を向けてあげてほしいのです。さらに、そんな自分の気持ちに共感してあげてください。そう思ってしまうことを、ゆるしてあげてください。

「怒りたくなるよね」

「私の気持ちに気づいてくれていないようで、悲しいよね」

「怒ってもいいんだよ」……というように。

きっとあなたは、怒る自分が大嫌いだし、できることなら怒りたくないと思っていると思います。**でも、いったんゆるす。「怒ること」をゆるすんです。**

とにかく、「自己否定」は苦しいこと。**自分の存在や行動、感情を、自分が否定してしまうことは、心へのダメージがかなり大きいのです。**

だからとりあえず、徹底的にゆるす。特に感情に関しては、絶対に否定しない。調整するのは、心が元気になってからで十分。

特に、「小さい怒り」は、ガマンしようと思えばできるから、やってしまいがち。むしろ、小さい怒りほど、意識的に出していくといいんです。小さい怒りって、溜《た》まりに溜まって大爆発しちゃうから。

「怒ってもいい、なんて許可したら、どんどん怒りんぼうになりそう」なんて心配になるかもしれません。

でもね、「怒らないように、怒らないように」と意識すればするほど、人って怒りたくなるものなんです。その「怒り」もあなたの一部。

「怒り」を排除しようとせず、うまくつき合っていきましょうね。

「怒ってもいいよ」

しつこい子どもにイライラ

あなたが「あきらめてきたこと」はなんですか？

しつこい子どもに
イライラ

こんなとき
この言葉を言ってみて。

「もっと私の話を聞いてほしかった」

もし、あなたがしつこい子どもにイライラしてしまうなら、**小さい頃から、いろいろなことをあきらめてきたと思うんです。**

「迷惑を掛けてはいけない」という思いが人一倍強いから、人を不快な気持ちにさせる可能性を少しでも感じたら、即、あきらめる。

特に「話すこと」に対して抵抗感があるかもしれない。「こんなこと、話したら迷惑だよね」「こんな話、聞いてもつまらないよね」なんて思って、話したいけれど話せない……みたいな状況がきっとたくさんあるんですよね。

この心のクセも、親との関係や親の生き様が影響していることが多いのです。

「人に迷惑を掛けてはいけない」と繰り返し言われてきた経験や、なんでもひとりでがんばっている親を見てきた経験なんかが根っこにあるんじゃないか……と思うんですよね。

「人に迷惑を掛けてはいけない」。これ、当たり前のようにみんな聞いてきた言葉だとは思うのですが、「絶対絶対絶対絶対！　人に迷惑を掛けてはいけない！」というレベルで自分に課していると、当然しんどくなります。

だって、人は生きているだけで他人に迷惑を掛けてしまうものだから。

きっとあなたは、人に嫌われることや、うっとうしいと思われることが怖くて、これまでずっと、ひとりでがんばってきたんですよね。あきらめてきたことも、たくさんあるし、話したいのに話せなかったこともたくさんある。心の中は「悲しい」が山盛り状態。**まずは、「もっと話を聞いてもらいたいと思っていること」「あきらめたくないと思っていること」に気づいてあげて。**

さらに、そんな自分の気持ちに共感してあげてください。そんな自分のことをゆるしてあげてください。

「もっと話を聞いてほしいよね」

「ひとりでがんばるの、しんどいよね」

「やっぱり、人にもっと頼りたいよね」……というように。


そして、ほんの少し勇気を出して人に相談したり、頼ったりしてみてください。

たとえば、「母親である私がどうにかしなきゃ」と思っている子どもの問題について、パートナーやママ友、担任の先生に相談してみる。

自分がやりたくないと思っていることや、やりたいと思っていることに対して「絶対無理」と決めつけずに、いろいろ調べてみる。

以前、人にお願いしたけれど受け入れてもらえなかったことを、もう一度、勇気を出してお願いしてみる。

つまり、あなたの子どものような「しつこい自分」になってみる。

相手がいることだと、きっと、反応が気になりますよね。

嫌われるかもしれない、バカにされるかもしれない、がっかりされるかもしれない、そんな思いが出てくると思います。

でもね、言ってみたり、やってみたりしないと、わからない。

私自身、「人に迷惑を掛けてはいけない」という思いが、本当に強かったんです。人に迷惑を掛けるくらいなら、自分がしんどいほうがずっとマシだと思っていました。

でも、実際に勇気を出してお願いしてみたら、案外すんなり受け入れてくれました。**「私が思っていたより、相手はずっと寛大だった」ということに気づいて、すごく恥ずかしくなりました。**

もちろん、「頼ってみたけれど、やっぱりダメだった」ということもある。そんなときは、「たまたま」だと受け止めればいい。「そういうこともあるよね」と受け止めて、これからどうするか考えればいい。そもそも頼る相手が違ったのかもしれない。

迷惑を掛けないように生きてきた人は、誰にどこまで頼っていいのか、わからなくて当然。うまくできないのも、仕方ない。経験がないものね。

だから、**自分の気持ちをあきらめずにちゃんと伝えられたことだけで、マル。**

結果はどうであれ、自分の願いを自分がかなえてあげるために行動した、それ自体が、あなたの人生においてとても画期的なこと。

「言えなかった」「あきらめた」経験ばかりだからこそ、子どものしつこさにイライラする。さらに、**やりたいことをやっている人や、自分の意見をはっきり言う人を見て、モヤモヤしたり、妬みの感情が湧いてきたりする。**

あなたは、そろそろ、「ひとりで健気《けなげ》にがんばる女の子」から、卒業したほうがいいかもしれない。ひとりでがんばるクセがあると、勝手にひとりになって、「どうせ誰も気づいてくれない」と勝手にすねて、周りの人を悪者にしがち。

自分と自分の周りにいてくれる人たちのこと、もっと信頼しよう。見くびっちゃあ、いけないよ。

「勝手にあきらめない。
勝手にひとりにならない」

寝ない子どもにイライラ

人の役に立たない"がんばり"をしよう

子ども寝かしつけてからやらなきゃ～
仕事終わらない～
おふろ
ごはん
ねかしつけ
バタバタ
バタバタ
イラ
イラ
もう1冊、絵本読んで～

寝ない子どもに**イライラ**

こんなとき
この言葉を言ってみて。

「いつも期待されているの、つらかった」

寝ない子どもにイライラするのは、いつも周りの人の期待に応えようとがんばりすぎているから。

もし、あなたがこのタイプなら、小さい頃、いつもがんばっていたんじゃないかなあと思うんですよね。お母さんや、周りの大人の期待に応えるために。

大変そうなお母さんにできるだけ迷惑を掛けないように、いつも「自分はどうしたらいいのかな」と考えていた。お母さんがいまどんな状況なのか、どんな気持ちなのか、あなたなりに考えて、少しでもお母さんの負担にならないようにがんばっていたんじゃないかな。

「人の期待に応えたい」「役に立ちたい」と思っている人、すごくすごく多いん

ですよね。もちろん私もそうでした。

どうしてそう思うかというと、「ありのままの自分には価値がない」って信じているからなんです。「人の期待に応えないとダメ」って、思い込んでいる。

人の期待に応えて、人の役に立って、やっと自分は価値のある人間だと思える。この世界に生きていていいんだ、生きる価値のある人間なんだと自分が自分のことを受け入れることができる……。

こういう人、一見すごくいい人そうですよね。「人のために自分を犠牲にしてまでがんばれる人」だから。**でも、本当に純粋な気持ちで「人のためにがんばっている人」ってじつは少数派な気がしています。**

その証拠に、がんばり屋さんって、周りの人にも「がんばること」を求めがち。「私は人（会社・お客様・同僚……）のために、こんなにがんばっているんだから、あなたもがんばりなさいよ！」みたいな人って、どこにでもいますよね。

人の期待に応えたいという思いが強いなと感じる人は、「ありのままの自分には価値がない」「人の期待に応えることで、やっと人に認められる」という思い込みがあるということに気づいてあげましょう。

そして、そんな自分をゆるしてあげる。**「あなたは尊い人だよ」「価値がある人だよ」と自分にたくさん伝えてあげましょう。**

「期待に応えたくなっちゃうよね、嫌われたくないもんね」

「喜んでもらえたらうれしいもんね」

「でも、期待に応えられなくても大丈夫だよ」

「あなたは、そのままで十分価値がある人だよ」

「生きているだけで人の役に立っているんだよ」……というように。

さらに、少しずつでいいから、「人の期待に応えないこと」を心掛けてみましょう。自分がやりたくてやっているならいいけれど、人の目や評価を気にしてやっていると、だんだんしんどくなってきてしまうから。

ときどき、「いま、自分ががんばっているのはどうしてなんだろう?」って、問いかけてみてほしいのです。

「これをやらなければ私はあの人に認められないかもしれない」というような、

未来を不安に思っての「がんばり」なのか。

それとも、「これをやらなくても怖いことなんて起こらないけれど、それでもやりたいからやる！」というような、自分をいま幸せにするための「がんばり」なのか。ここできる限り、意識しておいたほうがいいですよ。


ちなみに、当たり前のことですが、「人の期待に応えたい」ためにやっていることは、人の反応や評価がイマイチだと落ち込むのです。

「私はあなたの期待に応えようとがんばったのに、その程度の反応？」

「その程度の評価？」

「てか、そもそも私のがんばりに気づいていない！　なんなの？」

簡単に言えば、こんなふうに、すねちゃう。そして、**相手のことをいつの間にか悪者にしちゃう。**


私も、勝手にがんばって、勝手にすねて、勝手に周りの人を悪者にしていた人でした。夫や上司、同僚なんかにいつも「私はこんなにがんばっているのに、どうして気づいてくれないの！」「もっと評価してよ！」って思っていたんです。
こういう人、身近にいたら超メンドクサイですよね。ほんと、ごめんなさい
……いまとなっては、恥ずかしい。
だからね、人の期待に応えようとするんじゃなくて、**自分がやりたいことを、やりましょう。**自分がやりたいことなら、気づいてもらえなくても、評価されなくても、気にならないから。

じつは、あなたが求めていることは、「他人から認めてもらうこと」じゃなくて、「自分から認めてもらうこと」かもしれない。
自分が自分のこと、もっと認めてあげよう。がんばっていることはもちろん、ダメなところも、できないところもひっくるめて、認めてあげよう。

「私がやりたいことを、やっていい」

自分に自信がない子どもにイライラ

自信がなくたって幸せになれる

おゆうぎ会、踊りたくないー
いつも自信のない私みたい……
上手だよー！がんばりなよ
この子にはがんばってほしいのに
もうっ

自分に自信がない子どもにイライラ

こんなとき
この言葉を言ってみて。

魔法の言葉

「本当は、すごくすごく怖かった」

自分に自信がない子どもにイライラするのは、「自分に自信がなければいけない」と強く思い込んでいるから。自信がないと「幸せになれない」「うまくいかない」と信じていて、**自信がない自分のことが嫌いだからなんです。**

もし、あなたがこのタイプなら、小さい頃、なんらかのきっかけで、「自信がなければいけない」と思い込んだんじゃないかなあと思うんですよね。

もっと言うと、**自信をもたなければ「幸せになれない」「うまくいかない」と思い込んだ。**

そう思い込んだのは、親に「もっと自信をもちなさい」といつも言われていたからかもしれないし、自信満々で臨んだおゆうぎ会で、上手に踊ることができて、

身近な大人がほめてくれたことがきっかけかもしれない。

人は、思い込んだことについての「証拠集め」をしてきているんです。

たとえば「自信がないとうまくいかない」という思い込みがある人は、「自信がなかったときに、やっぱり失敗したこと」や「自信があったときに、やっぱりうまくいったこと」をずっとずっと、集めつづけてきている。

たぶん、「自信がなかったけれど、なぜかうまくいったこと」や「自信があったのに、なぜか失敗したこと」もたくさんあったはずなのに……。

小さい頃にそう思い込んで、それからはずっと証拠集め。でも、**客観的に判断すると「そうではない」ってことがたくさんあるのです。**

自信なんて、あっても、なくてもいい。

しんどいのは「自信がないこと」ではなくて「自信がない自分のことを、自分がいつも責めていること」です。つまり、自分を否定していることが苦しい。

自信がなくたっていいし、自信がなくたってうまくいくときはうまくいくし、

自信がなくたって幸せになれる。

あなたがうまくいかない理由、あなたが幸せだと感じられていない理由は、「自信がないから」ではないんですよ。

まずは、自分に自信がなければ幸せになれない、と思い込んでいることに気づいてあげましょう。自信がもてない自分に対して、いつもダメ出しをしているということに気づいてあげましょう。そして、そんな自分のこともゆるしてあげて。

「自信がなくて、ずっと怖かったよね」

「自信がない私でも、大丈夫だし、幸せになれるよ」

「自信がない私のこと、いままでいじめてきてごめんね」……というように。

さらに、普段から強い人でいようとすることや、自信をもつために苦しい努力をすることをやめてみましょう。**自信がない自分のままでも、いいんです。**

そしてじつは、自信があるからうまくいくんじゃなくて、**うまくいくと、自信がもてるようになる**のです。

自信がない自分のことを否定する必要はないけれど、どうしても自信をつけたいのなら、「自信があればできるのに」と思っていることを手当たり次第やってみるといい。小さなことでもいいから、むしろ、小さなことのほうがいいから、ちょっぴり勇気を出してやってみてください。

また、人からほめられないと自信がもてないと思いがち。だけど、それすごくしんどいです。だって、周りの人次第になってしまうから。周りの人は、自分がコントロールできるわけではないですもんね。そこを頼りにするのは心もとない。

それよりは、**自分が「ちょっと怖いな」「ドキドキするな」と思ったことをやってみて、「自分、いいね!」と、思えるようになることをオススメします。**

「こんな自分はダメなんだ」という自己否定があればあるほど、生きていることが苦しいし、人生そのものがうまくいかない。

だから、**まずは、とにかく徹底的にゆるすこと。**どんな自分のことも受け入れてあげることが大切なんです。

子育てが苦しい人は、自分を責めて、いじめて、否定して生きてきた人が多い。

だから、「ゆるす」なんて初めはうまくできない。でも、大丈夫。**できないことに対しても「いいよー」とゆるしてあげればいいんです。**

多くの人は、「親にとっての理想の私」になろうと、ずっとがんばってきています。なぜなら、親のことが大好きだったから。大好きなお父さん、お母さんに、もっともっと、愛されたかったから。でも、そもそも親は、あなたのことをすごく愛していたんですよね。愛していたからこそ、「こういう子だったらきっと将来幸せになれるはず」というような「理想の子ども像」を設定して子育てしていた。

そう、親のもともとの願いは、「子どもが幸せに生きること」。だから、私たちは、「理想の私になること」じゃなくて、**「幸せになること」を目指せばいい。**

自分が苦しくなるような、思い込みや理想は、手放していいんです。

「自信がなくてもいいよ。弱くてもいいよ」

わざと悪いことをする子どもにイライラ

メンドクサイ自分をもっと出そう

ポカッ
なんてことするの!
わーん
ちゃんと気持ちを言わないとわからないよ

わざと悪いことをする子どもに**イライラ**

こんなとき
この言葉を言ってみて。

魔法の言葉

「すなおじゃない私も、受け入れてほしかった」

わざと悪いことをする子どもにイライラする人は、**すなおじゃない自分を嫌っている人。**もっとすなおになりたいと思っている人なんです。

「すなお」って怖いんですよ。嘘偽りのない自分だから。

そんな自分を否定されたら、もう立ち直れない。すなおじゃない人って、一見強く見える人が多いけれど、きっと、すごく繊細で傷つきやすい人。

だからね、すなおになりたい人は、強くなりたい人。弱い自分、小さなことを気にしちゃう自分、人の目が気になりすぎる自分が、嫌いなんだと思うんです。

もし、あなたがこのタイプなら、小さい頃から、すごく繊細だった。親の表情や言葉はもちろん、お友達が自分のことを好きかどうか、なんかも気になってい

たんじゃないかな。でも、気にしやすい繊細な自分をさらけ出すことも怖くて、強がったり、わざと人を怒らせるようなことを言ったり……。

そんなあなただから、親から「すなおさ」を求められたり、自分の気持ちをすなおに表現できないことを怒られたりした経験もあるのかもしれない。

「すなおじゃない自分」で損していると感じることがたくさんあったから、「すなおになりたい」とか「自分の本当の気持ちをかわいく伝えられる人になりたい」なんて思ったことも、何度となくあったんじゃないかな。

だから、「こっち見て」とか「遊んで」「かまって」と、すなおに言えずに、わざと悪いことをして気づいてもらおうとする子どもにイライラするんです。

なんだか、人に対して、すなおに気持ちを伝えられない自分を見ているようで、腹が立つ。**「そんなことしても、気持ちは伝わらないよ」「余計に嫌われるよ」と、子どもに言っているその言葉、いつも自分に言っている言葉なんじゃないかな。**

まずは、自分が、すなおじゃなくて「メンドクサイやつ」だということに気づいてあげてほしいのです。

そして、そんなメンドクサイ自分を受け入れてあげる。そんな自分であることをゆるしてあげてほしいのです。

「すなおになれないよね」

「本当の気持ち言ったら、嫌われそうで、バカにされそうで怖いよね」

「弱いやつ、メンドクサイやつだと思われそうでイヤだよね」

「でも、私って小さい頃からメンドクサイやつだから」

「メンドクサくて、かわいげのない私でもいいよ」……というように。

さらに、メンドクサイ自分を出していってほしいのです。いつもなら、言い返さずにグッとガマンするような場面で、言い返してみる。小さな不安を、勇気を出して伝えてみる。数か月前に言われてずっと気にしている、あの人のあの言葉について、「じつは、あの言葉、すごく悲しかったんだ」って打ち明けてみる。

ただ、あまりにもメンドクサイ事案については、他人を介さず、自分の中で解消するのも、ひとつの方法。紙に書いたり、ひとりでいるときにひたすらつぶやいたりするといい。

あなたは、あまのじゃくなんですよね、たぶん。本当は、パートナーのこと好きなのに、好きと言えなかったり、本当は、ラーメンが食べたいのに、相手が「ラーメンが食べたい」と言ってくれるのを待っていたり。

変に大人を目指すから苦しいし、うまくいかないし、こじれる。「私って、ほんと小さいこと気にしてるな」「私って、超メンドクサイ人なんだな」と受け入れましょう。

ただ、**勇気を出して、自分の気持ちを伝えることは、ちょっとがんばってみてもいいかもしれない。**自分の気持ちを伝えられないと、周りの人をどんどん悪者にするから。「わかってくれない」「気づいてくれない」……というように。

ラーメンが食べたいのなら、「ラーメンが食べたい」って勇気を出して言う。相手が「ラーメンは食べたくないなあ。ハンバーグがいい」と言ったとしても、それはあなたのことを否定しているわけじゃないからね。

きっとあなたは、それが怖いのだけれど、相手が「イヤだ」と言っているのは、あなたじゃなくてラーメン。すねて、勘違いして受け取るのは、もうやめよう。

本当は好きなのに、嫌われるようなことを言って、相手の「好きだよ」という言葉を聞こうとするのも、もうそろそろおしまい。冷静に見ると、やっていることは「中学生の女子」。自分からフクザツな状況にしないで。

とにかくまずは、自分が「メンドクサイ人」だということを受け入れてあげる。「メンドクサイやつでもいいよー」と自分をゆるす。

これをやりつつ、「自分のメンドクサさ」で、周りの人を悪者にしているような案件は、ちょっとずつ手放していけると、すごく生きやすくなりますよ。

「メンドクサイ私でもいいよ」

Column 3

子育ての悩み、夫婦関係のギクシャク、しんどい仕事……すべて繋がっている！

「子育てに悩んで、花奈絵さんの講座に通ったら、夫婦関係や仕事までうまくいきだしました！」こんなご報告をよくいただきます。一見、「子育ての悩み」だけに思えても、じつはすべて繋がっている……こう実感した私の体験をご紹介しますね。

心のしくみを知ったら、仕事が100倍楽しくなった

私は大学卒業後からずっと、公立小学校の教員として働いていました。やりがいがあって、とても楽しくて、天職だと思っていました。けれど、とにかく多忙で、どれだけがんばっても、「理想の教師像」にはほど遠く……。

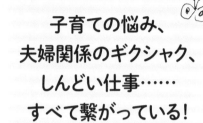

がんばりすぎていたのか、病気にもなり、だんだん「私には向いていないんじゃないか」と考えるようになりました。

その後、育休中に育児ノイローゼになったことで、心のしくみを学ぶことになった私。きっかけは「子育ての悩み」でしたが、**結果的にあらゆる悩みも解決して、「生きること」がラクになりました。**

「子育てに悩んでいる」ということは、「そもそも、私の生き方そのものがしんどかった」ということ。

つまり、**子育てに悩むのも、夫婦関係がギクシャクしてしまうのも、仕事がしんどいと感じるのも、すべて、繋がっていたんです。**

私は子どもにイライラさせてもらうことで、自分の生きづらさに一つひとつ気づいていくことができました。

復帰後、私の仕事に対する考え方は大きく変わりました。

育休前は、とにかく「人に頼らずひとりでがんばらなければいけない」「人に迷惑を掛けてはいけない」といつも自分を追い込んでいましたが、**困ったときにはちゃんと人に頼ること、助けを求めることを心掛けました。**

これまで必死で隠してきた「できない自分」「ダメな自分」を隠すこともやめて、ありのままの自分を、自分がちゃんと認めてあげることを意識しました。

すると、周りの人に対して、自然と、尊敬と感謝の気持ちでいっぱいになりました。以前は恥ずかしながら、「私はこんなにがんばっているのに」というような不平不満やグチが心の中に常にあったのですが、復帰後は、一切なくなりました。

私はずっと、「勝手に」ひとりでがんばって、すねて、周りの人を悪者にしていたんです。

初めから、みんな優しかったのに、受け取ろうとしていなかっただけでした。

私のあり方、とらえ方が変わっただけで、仕事は「楽しいもの」に変わりました。

どうしてもいまの仕事がしたくて、結果的に退職をすることになりましたが、

「同じ仕事でも、自分がどうとらえるか、どうあるかで全然感覚が違うんだ！」

ということを体感できたことは、私の中でとても大きな財産になりました。

「できないところがあってもいいよね」と思えると、こんなに変わる

私はもともと、かっちり、しっかり、やりたいタイプ。いま、思い返せば、小学校の教員時代ずいぶん型にはめた学級経営をしていたなあと思います。「失敗してはいけない」「周り（のクラス）と同じことができなければいけない」というような思い込みが強くて、いつも必死でした。

自分に対してとても厳しかったので、ついつい、子どもたちのあれこれも気になってしまう。クラスの子どもたちのことは大好きだったけれど、気づけば、口うるさいおばちゃんになっていました。

育休中に心のしくみを学び、自分としっかり向き合い……いざ、現場に復帰すると、**クラスの子どもたちに対する見方が、びっくりするほど変わっていました。**

以前は、子どもたちの「できないところ」ばかりに目が向いて、それをどう改善すべきかばかり考えてしまっていたのですが、復帰後は、「できないところがあってもいいよね」と思えるようになりました。

もちろん、必要な指導や支援はしますが、ありのままの子どもを受け入れ、尊重することができるようになったので、子どもたちのことを肯定的に見られるようになりました。

また、**以前よりも、ケンカの仲裁を負担に感じることがなくなりました。**

泣きながら怒っている子どもを前にしても、「感情をちゃんと出せて、すばらしいなあ」と思えるようになったのです。

変にジャッジをせず、それぞれの気持ちに寄り添うことができるようになりました。

子どもたちを見ていると、「うまく、はやく、できること」「周りの子と同じようにできること」に、すごくこだわっているなあと思うんです。

「できる自分じゃなきゃダメ」「周りの子と同じようにできる自分じゃなきゃダ

メ」って、思い込んでいる。

だから、失敗することを恐れているし、周りの友達といつも比較してしまう。

そして、どうしても、**無意識のうちに、「できない子」や「周りの子と同じようにできない子」に対して、否定的な見方をしてしまっている気がするんです。**

「ありのままの自分」を尊重することができるようになると、「ありのままの他人」も尊重することができるようになる。

まずは大人が、「ありのままの自分」を受け入れ、尊重できるようになれば、子どもたちも、自然と、自分と周りの友達の「ありのまま」を、受け入れ、尊重することができるようになるんじゃないかなあと思うのです。

わーん
行かない!!
ギャー
イライラ

chapter 4

イライラ、怒りんぼ……
そんな自分を
変える言葉

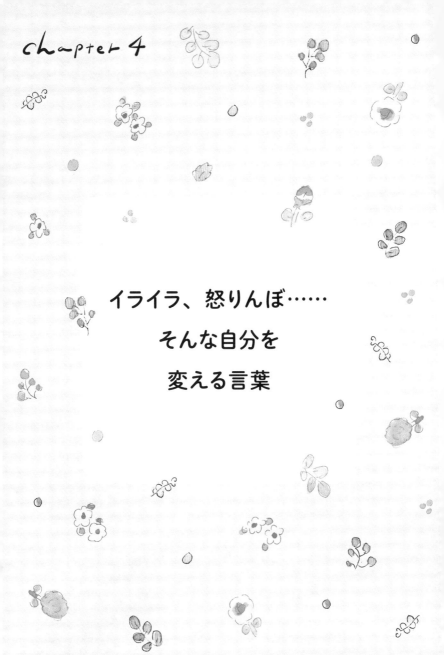

子どもに優しくできない自分にイライラ

自分に優しくすれば人にも優しくできる

疲れているのはわかるけど、はやくごはん食べなさい
遠足楽しかったんだから帰ってからもやることやりなさい
はあ、なんでいつも子どもに優しくしてあげられないんだろう

子どもに優しくできない自分に**イライラ**

こんなとき この言葉を言ってみて。

魔法の言葉

「どんな私も、認めてほしかった」

子どもに優しく接したいのに、気づくと「〜しなさい」「ダメでしょう」と小言を言ってしまい、自己嫌悪でイライラ……。

このように**子どもに優しくできない自分にイライラする人は、自分に対して優しくできていない人。自分に対して、厳しすぎる人。**

もし、あなたがこのタイプなら、小さい頃、厳しく育てられてきたのかもしれない。割としっかり「しつけ」をされてきていて、真面目《まじめ》に、まっとうに、生きてきたんじゃないかな。

「自分にとっての理想の姿」が常にあったから、「こんな私ではダメだ」「もっとすばらしい人にならなきゃ」と、がんばるのが当たり前の人生だった。

自分に甘い人や向上心がない人を見ていると、ザワザワ、イライラして、「もっとがんばればいいのに」「どうしてあの程度で満足しているんだろう」なんて思っていたかもしれない。

自分に対して厳しいことや、理想の自分を目指そうとすること自体は、悪いことではないと思うんです。だからこそ、人として成長できるということも多い。

ただ、「こんな私には、まったく価値がない」「理想の自分じゃないと、人から愛されないし、認められない」というように自分を否定していたり、受け入れられてなかったりするのなら、それはとても苦しいんですね。

「理想の私」に、数年後なれたとしても、きっとそのときには、また別の「理想の私」がいる。

ずっとずっと、「理想の私」にはたどり着けず、「こんな私は、受け入れられない」「いまの私は、愛せない」という自己否定を抱えつづけて生きていくことになるんじゃないかなあと思うのです。

だからね、「こんな私であること」を否定せずに、受け入れ、認めてあげることがとっても大切。その上で、「理想の私」を思い描いて、自分にとって心地よい努力を続けるといい。

「このままの私でもいい」と思えた上で、「理想の私」を目指してがんばることは、とっても楽しくて幸せです。うまくいかないことがあっても、それが自己否定に繋《つな》がらない、そして他人からの目もあまり気にならないから、心がラク。

子どもに優しくできるようになりたいと思うのなら、まずは、**自分が自分に厳しくなりすぎてしまっているということに気づいてあげましょう。**

そして、そんな自分の気持ちに寄り添ってあげましょう。

「自分にも、子どもにも、ついつい厳しくなっちゃうんだよね」

「まだ足りない、全然ダメ、ゆるせない！　って思っちゃうよね」

「優しくできないときだってあるよ」

「優しくできなくてもいいよ」

「優しくできない私でも、大丈夫だよ」……というように。

いったん、「優しくできない私」にもオーケーを出して、その後、自分に対して、意識的に優しくしてあげましょう。

自分の「行動」や「結果」だけを認めるのではなくて、「存在そのもの」を認めてあげることを心掛けてみましょう。

子育てが苦しくなってしまっている方は、自分への優しさが足りていないんです。もっと、もっと、自分に優しくしてあげていい。ゆるしてあげていい。あなたほど、あなたに対して厳しい人、いないから。

自分が「あれしたい」と思ったら、「いいよ」と自分が応援してあげてください。「あれやめたい」と思ったら、「いいよ」って自分が許可を出してあげてください。

大抵のことは、あなたがやろうと思えばできる。

そして、あなたの存在そのもの……たとえば、体を、肌を、髪の毛を、もっと大切にしてあげてください。

どこか不調はないですか？　痛いところ、不快感を覚えるところがあったら、最優先でケアしてあげてください。

時間がなければ、その場所に手を当てて「いつもありがとう」と伝えるだけでもいい。

自分の肌に触れるときは、生まれたての赤ちゃんに触れるように、そっと、丁寧に、優しく、優しく。お風呂に入っているときも、お化粧をしているときも、ザツに触れないで、優しく、優しく。そして、寝る前には、自分の体を自分でハグして「ありがとう」と伝えてあげてください。

まずは、とにかく自分に優しく。気づけば、子どもにも、周りの人にも優しくできるようになっているはずです。

「私は私に、
もっと優しくしてあげていい」

子どもをほめてあげられない自分にイライラ

自分自身を「全肯定」してあげて

あら、えらいわね
よし
よし
うふふ
気づいたら怒ってばかりで、全然ほめられない……

子どもをほめて
あげられない
自分に**イライラ**

こんなとき
この言葉を言ってみて。

魔法の言葉

「がんばってもがんばっても、不安だった」

子どもにかかわるときに、「もっと」を求めてしまうこと、多いのではないでしょうか。

たとえば、1色でザツに塗られた塗り絵を、誇らしげに持ってきた子どもに、「もっと、いろんな色使うといいんじゃない？」「もう少し丁寧に塗ると、もっとキレイだよ」とアドバイスをしてしまう。

トイレに行きたいと言えた子どもに、「○○くんは、もうお兄ちゃんパンツだよ。あなたもお兄ちゃんパンツにしたら？」という言葉を掛ける……など。

うちの子もそうなのですが、**アドバイスされたり、比較されたりすると大抵、怒ります。**「これでいいの！」「好きなようにしたいの！」と。

「怒る」ということは「悲しい」ということ。子どもは、「いまの、ありのままの自分」を受け入れてもらえていない、認めてもらえていない気がして、悲しいんですね。

子どものことを、「受け入れること」「ほめること」「肯定すること」……が苦手な方は、**小さい頃の「認めてもらえなくて悲しかった」という感情を、感じ切れていないのかもしれません。**

もしあなたがこのタイプなら、がんばっても、がんばっても、自分は認められていない気がして、悲しかった。けれど、そんな感情は表に出せずに、ただただがんばっていたんじゃないかな。だから、子どものこともほめられない。「私は、受け入れてもらえなかったのに」「ほめてもらえなかったのに」というような気持ちが出てきてしまう。

そして、あなたは、親から認めてもらえない悲しさも知っている。つまり、子ども側の気持ちもわかる。**わかっているのにほめてあげられないから、自分に対しても怒りの感情が出てきてしまう。**

あなたが子どもの頃に「認めてもらえず悲しかった」というのも、おそらくは、親の愛情が隠れていた。でも、そう思えない人のほうが多いんですね。

クライアントさんの話を聞いていて、よくあるのが「ほめることで調子に乗って人から嫌われてほしくない」とか「厳しい言葉を掛けることで、やる気を出してほしい」という気持ちで、子どもに厳しくしていたというパターン。

でも子どもって、いまの、ありのままの自分を受け入れてほしい、全肯定してほしいという気持ちがすごく強い。

アドバイスや、もっとうまくできる方法なんて、どうでもいいから、とにかくわかりやすく愛してほしいし、認めてほしいんですよね。

子どもに限らず、私たちだって、求めてもいないのにアドバイスされたり、他の人と比較されたりしたら、悲しい。

そう思うと、**みんな「いまの、ありのままの自分」を受け入れてもらいたい、全肯定してもらいたい**という思いがあるのかもしれない。

まずは、**自分が自分のことを、受け入れられていないこと、ほめてあげられていないことに、気づいてあげましょう。**

そして、そんな自分の気持ちに寄り添ってあげましょう。

「まだまだ足りない、全然ダメ、って、つい思っちゃうよね」

「こんな自分では愛されない、認められないって、思っちゃうよね」

「悲しかったね、イヤだったね、つらかったね」

「いまの、ありのままの私でも、大丈夫だよ」……というように。

「いまの、ありのままの私」を受け入れた上で、さらに、できていることに目を向けるクセをつけましょう。ついつい、私たちはできていないことや、足りないことに目が向いてしまいがち。

だから、意識的に「できていること」に目を向けるんです。これって、クセなので、毎日意識していれば自然とできるようになっていきます。

そして、これができるようになってくると、他人から認めてもらいたいという気持ちがだんだんなくなってくる人も多いと思います。人に依存せず、自分を保っていられるのって、すごくラクですよ。

ちなみに、「普通にがんばっても認めてもらえない」という思い込みがあると、**無意識のうちに、自分から困難な状況や苦労するような状況を選びがち**です。そして、その状況で努力をして、結果を出して、認めてもらおうとしてしまうんですね。これ、別に悪くはないのですが、すごく大変です。

自分が「いまの、ありのままの自分」を受け入れ、認めてあげることができるようになると、このように**人生を自ら難しくする必要もなくなってきます。**

それだけで、生きることがシンプルに、簡単に感じられると思いますよ。

「いまの、ありのままの自分を
受け入れて、認めてあげる」

子どもの話を最後まで聞いてあげられない自分にイライラ

「自分の話」をとことん聞こう

子どもの話を最後まで聞いてあげられない自分にイライラ

こんなとき この言葉を言ってみて。

魔法の言葉

「本当の本当の気持ちは、いつも隠していた」

子どもに対して、「こうしてあげたい」という思いは、誰にでもあると思います。でも、**「こうしてあげたい」が強すぎると、苦しくなり、自分や周りの人に対して異常にイライラしてしまいます。**

もしあなたがこのタイプなら、きっと、「子どもの話は最後までしっかり聞いてあげなければいけない」という思いも、人一倍強いと思うんです。

だから、子どもの話を最後まで聞いてあげられない自分にイライラしてしまうんですよね。

それはたぶん、「話を最後まで聞いてもらえなくて悲しかった」「話を最後まで聞いてもらえてうれしかった」というような、自分が小さい頃の体験や、「お父さんに、話を聞いてもらえていなくてかわいそうだったお母さんの姿」なんかが、影響している。

強すぎる「こうしてあげたい」を、ゆるめてあげましょう。

ゆるめるためには、「どっちでもいいよ」と、自分に言ってあげるんです。できても、できなくても、どっちでもいい。こっちでも、こっちじゃなくても、どっちでもいい。

つまり、**「子どもの話を最後まで聞いてあげられても、聞いてあげられなくても、どっちでもいいよ」って、自分が自分に言ってあげるんです。**

理想は、「話を聞いてあげられる私」なのだけれど、いったん、「話を聞いてあげられない私」を認めてあげる、ゆるしてあげることが大切なのです。

まずは、自分が、「子どもの話を最後まで聞いてあげられない私」を全力で嫌っているということに気づいてあげましょう。

自分が自分のことを否定しているから、こんなにもイライラするということに、気づいてあげましょう。

そして、自分の気持ちに寄り添ってあげましょう。

「子どもの話、最後までちゃんと聞いてあげたいって思うよね」

「でも、聞いてあげられなくて、そんな自分がイヤになっちゃうよね」

「聞いてあげられなくても、いいよ」

「うまくできなくてもいいよ」……というように。


さらに、「子どもの話を聞いてあげたい」という思いを、いったん、横に置いて、自分の心の声を聞いてあげることを心掛けてみてください。

あなたは、自分の気持ちや感情にすごく鈍感だと思うのです。

だから、「私はどんな気持ちなのか」「私はなにがしたいのか」「私はなにがしたくないのか」、自分に対して問いかけることを、習慣にしてみてほしいのです。


子育てに悩んでいる方は、他人の目をすごく気にする傾向にあります。

だから、基本的に、自分のご機嫌取りが苦手で、他人のご機嫌取りばかりしている。

「あの人はいま、どんなことを考えているのかな？」「どんな気持ちかな？」というように、他人のことばかり考えてしまっているんですね。

でも、今日からは、できるだけ「自分」の気持ちを考えたり、「自分」に集中したりすることを心掛けてみてください。

たとえば、食事作りにおいて、もっと自分の気持ちを大切にしてみる。「今日、私はなにが食べたい？」と問いかけてあげて、毎日必ず一品は、自分の大好きなものを作ってあげる。

お皿を洗うときは、「自分ができているところを認めてあげる時間」と決めて、「今日もちゃんと朝起きたね」「今日は久しぶりにトイレ掃除ができたね」「今日も仕事に行けたね」というように、普段当たり前にしているようなことをしっかり認めてあげるようにする。

イヤなことがあったら、「イヤだよね～わかる、わかる！」「悲しくなっちゃうよね」「いつもがんばっているね」というように、**自分のことを全肯定しながら、**

しっかりじっくり、自分に寄り添って、ひとり女子会してあげる。

ちなみに、「子どもの話を聞いてあげなければいけない」という思いが強い人は、人に対して「自分の話をしっかり聞いてほしい」という思いも強い。
ただ、人のことってコントロールできないし、期待することが苦しさに繋がることも多いから、できるだけ自分で「話を聞いてほしい」という欲求を満たしてあげることが大切です。

子どもの話をしっかり、最後まで聞いてあげたいと思うなら、まずは、自分が自分の話をしっかり、最後まで、聞いてあげましょう。
気づいたら、子どもの話も、最後まで聞いてあげられるようになりますよ。

「私が、私の話を、ちゃんと聞いてあげるね」

子どもの気持ちに共感してあげられない自分に**イライラ**

もう、自分を粗末に扱わない

使いたいの!
ダメ!
これ僕のだよ
こら、仲よくしなさい! どうぞ、でしょ!
また、子どものこと否定しちゃった。
共感してあげたいのに……
わーん

子どもの気持ちに共感してあげられない自分に**イライラ**

こんなとき この言葉を言ってみて。

魔法の言葉

「怒られるの、イヤだった。ちゃんと話を聞いてほしかった」

子どもの気持ちに共感してあげられない人は、自分の気持ちにも共感してあげられていない人。人に対しては「大切にしてほしい」という気持ちがとても強いのに、自分が自分のことを粗末に扱っている人なんです。

自分の気持ちをいつも否定している人が、子どもの気持ちに心の底から共感してあげることって、やっぱり難しいんですね。

あなたがこのタイプなら、小さい頃、よく親から怒られていたかもしれません。「ダメ」と言われることが多かったり、失敗しないようにと過干渉気味で育てられたりしていたかもしれない。もちろん、それは、親なりの愛情だったのだけれど、小さい頃のあなたがほしかったのは、「怒られること」や、「ダメ」という言葉、「過干渉」ではなくて、「私の気持ちをわかろうとしてくれること」や「共感」だったんじゃないかな。

だから、子どもに対しても、「気持ちをわかってあげたい」「共感してあげたい」という思いが強い。

また、お母さんが自分の気持ちを押し殺すように生きてきたことなんかも影響していることがあります。

どうして自分の気持ちに共感することができていないのかというと、「お母さんがそう生きていたから」なのかもしれない。

子どもって、お母さんが大好き。**特に女の子は、お母さんの生き方、あり方の影響を強く受けます。無意識で「お母さんは、こういうもの」と思い込むことが多々ある。**

たとえば、お母さんが、明らかに不快になるようなことを、お父さんやおばあちゃんに言われているのに、反抗もせずに耐えていたり、気持ちを抑えていたりしたという場合は、**「お母さんとは、そういうものだ」と思い込む。そして、知らず知らずのうちに、自分もそうしている**というようなことがよくあるんです。

「自分の気持ちは押し殺さなきゃダメ」というような強い思い込みがあると、ガマン、ガマンの毎日になります。「イヤだな」と思うことも、「でも、やらなきゃ」とお尻を叩《たた》いてがんばらせる。

「こうしたいな」と思っても、「そんなこと、思ってはいけない」と自分の気持ちをなかったことにする。

だから、まずは、自分が自分の気持ちに共感してあげられていないということに気づいてあげましょう。**自分のことを粗末に扱っているということに気づいてあげましょう。**

そして、そんな自分の気持ちに寄り添ってあげましょう。

「子どもの気持ちに共感してあげられないよね」

「自分の気持ちにも、共感してあげられていないよね」

「そもそも、自分の気持ちなんて、よくわからないよね」

「もっと、自分の気持ちを大切にしてあげていいんだよ」

「自分の感情、存在をもっと大切にしてあげていいんだよ」……というように。


いったん、自分の気持ちに共感してあげることを心掛けましょう。

重要なポイントは、「いったん」です。

たとえば、毎日の家事。私たちは、「するのが当たり前」「やりたくないって思っても、どうせやらなきゃいけない」と思うから、**ついつい「やりたくない」という自分の気持ちは無視しがちです。**


たとえば、「お洗濯したくない」と思ったとします。

もちろん、できることなら「洗濯をしなくて済む方法」を選択したいですよね。

でも、「クリーニングを頼みたいけど、預けたり受け取ったりする時間調整が面倒」「そんなことにお金を使うなら1食外食にしたい」「明日に持ち越したいけど、2日分なんて干すのも片づけるのも大変」「明日もし、子どもがおもらしをしてさらに洗わなきゃいけないシーツが増えたら……」「夫に頼りたいところだけれど、最近忙しいから申し訳ない」……。

こんなふうに面倒だと感じたり、それを考える余裕すらなかったりしてしまいがちです。

だからこそ、**いったん「やりたくない気持ち」に共感してあげるんです。**

「やりたくないよね」「洗濯イヤだよね」「面倒だよね」「ほんと大変だよね、わかる、わかる！」「もうほんと、私よくがんばってるよ〜、えらいよ〜、天才だよ〜すごいすごい」。こんな感じで、**自分の気持ちに共感して、たたえまくるのです。**

どうせやらなきゃいけなくても、この「いったん」気持ちに寄り添ってあげることで、ホッとするような感覚になるはず。ぜひ、やってみてください。

「私が、私の、
ありのままを受け入れてあげる」

子どもにイジワルなことを言ってしまう自分にイライラ

自分へのイジワルに気づいてる？

ママ、見て～！
もっと丁寧に、キレイな色で描いたら？
あっ
バシッ
これでいいの！
なんで叩くの!! ママは悪くないでしょ？
いつもママや弟のことをそうやって叩いて。
そんなんじゃ、お友達にも嫌われるよ！
いつもイジワルな自分がイヤになる……

子どもにイジワルなことを言ってしまう自分にイライラ

こんなとき
この言葉を言ってみて。

魔法の言葉

「ただ、認めてほしかった」

「なんて自分はイジワルなんだろう……」

こんなふうに悩み、イライラしてしまっているのかもしれませんね。

心の根っこはChapter1の「兄弟をいじめる子どもにイライラ」と同じ。

あなたは、とっても優しい人。ただ、イジワルなところもある。人には、優しいところも、イジワルなところも、両方あるのが当たり前。だけど、あなたは、**「イジワルな私」が大嫌いで、「イジワルな私はダメ」って強く強く思い込んでいるのかもしれない。**

あなたがこのタイプなら、小さい頃、「性格が悪い」とか「あなたはイジワル」というような言葉を、いつも親から言われていたという経験があるかもしれない。

また反対に、イジワルな言い方をいつもされていた、というような経験があるかもしれない。一生懸命がんばっても、親から、「その程度で満足するな」と言われていた……とかね。どれだけがんばっても、どんな結果を出しても、ちっとも認めてもらえていない気がして、ずっと不安だったんじゃないかな。

もちろん、親はあなたのことが嫌いだから、こういうことを言っていたのではないと思うんです。「人から嫌われないように」とか「厳しさも必要だ」なんて思っていたのかもしれない。親自身も、そう育てられてきていたから、自分が掛けている言葉に、疑問すらもっていなかったのかもしれない。

ただ、あなたは、こういう経験から「人にイジワルなことを言ったらダメ」「イジワルな私はダメ」だと思い込んだ。

なぜ「ダメ」だと思っているのに「やりたくなる」かというと、それには大きく2つの理由がある。

ひとつ目は、いつも、自分にイジワルなことを言っているから。

自分に対して、いつも、イジワルな見方をしていたり、イジワルな言葉を掛けたりしているから、子どもに対しても、ついイジワルな見方をしたり、イジワルな言葉を掛けたりしてしまう。

ふたつ目は、**「言ったらダメ」「イジワルはダメ」と思えば思うほど、そうしてしまうから。**心のしくみとして、「やってはいけない」ということほど、やりたくなってしまうんですね。

ダイエット中に、「お菓子を食べたらダメ」と思えば思うほど、気になってしまうのと同じです。「イジワルしないように」と思えば思うほど、イジワルになっちゃう。

まず、自分が自分にいつもイジワルだということに気づいてあげましょう。「イジワル」に対して、「絶対ダメ！」という気持ちが強すぎるということに気づいてあげましょう。

そして、そんな自分の気持ちに寄り添ってあげましょう。

「ついつい、イジワルな言い方、しちゃうんだよね」

「イジワルな自分、大嫌いだよね」

「でもね、人って、イジワルなところも必ずあるんだよ」
「イジワルな私も、優しい私も、両方あって、私なんだよ」
「人に対して、イジワルになっちゃう私もいていいんだよ」……というように。

さらに、自分へのイジワルをやめる、ということを意識してみましょう。

「できない自分」や「ダメな自分」を否定するのではなく、受け入れてあげましょう。ありのままの自分を受け入れる「自己受容」ができると、ありのままの子どものことも否定せず、受け入れられるようになります。

私たちは、子どものことを愛しているから、ついつい、「子どもへのかかわり方」を改善しようとします。「怒らないようにする」とか「イジワルなことを言わないように気をつける」とかね。

ただ、これは、「怒る自分を否定している」「イジワルな自分を否定している」という「自己否定」だから、すごく苦しいのです。しかも、「自己否定」していると、他人のことも否定したくなるから、じつは、周りの人もしんどい。

「自己否定」をできるだけ、やめていくこと。
「自己受容」を意識すること。

幸せに生きたいと思うなら、とても大切なことです。子育てに悩んでいるお母さんは、この2つが、本当に苦手。つまり、これができるようになるだけで、子育ては一気にラクになる。

当たり前なのですが、お母さんが自分を責めてばかりいれば、子どもも自分を責めるようになる。お母さんが「人生は苦しくてつらいものだ」と思っているのだとしたら、子どもも「人生は苦しくてつらいものなんだ」と思い込みます。
「子どもへのかかわり方」「子育てのテクニック」より、「お母さんが幸せそうかどうか」のほうが大事。もう、自分にイジワルするの、やめましょうね。

「私が私のこと、
ずっといじめてきて、ごめんね」

Epilogue

子育ての悩みの100％は「自己否定」が原因です

ここまで、さまざまな「子育ての悩み」について、お母さんの「思い込み」にフォーカスして、解説させていただきました。

いかがでしたか？　あなたの悩みに当てはまる項目はありましたか？

お気づきかと思いますが、悩み（項目）は違っていても、解説が似ているものも多くあります。

それはなぜかというと、**「子育ての悩み」の100％に、お母さんがお母さん自身を否定していること、つまり「自己否定」が影響しているからです。**

悩んでいるお母さんの心を掘り下げていくと、必ず「自己否定」が隠されている。反対に言えば、「自己否定」をなくしていくことで、そもそも悩まなくなるのです。

私自身、心のしくみを知るまでは、子育ての悩みが山ほどありました。

しかし、自己否定に気づき、そんな自分を受け入れ、認めていくことで、そもそも悩むことがなくなりました。

私たちお母さんにとって、悩むことは愛情です。我が子を愛しているから悩むんです。けれど、大好きなお母さんが「自分のことでいつも深く悩んでいる」のは、子どもにとっては信頼されていない気がして、悲しいことでもある。だから、「悩むこと」ではないカタチで、子どもに愛情を伝えられたらよいと思うのです。

自己肯定感の高い子どもに育てる近道

「自己肯定感」という言葉が一般的になり、「私は自己肯定感が低いから、子どもの自己肯定感を育てたい」というお母さんの声をよく聞きます。

自己肯定感の高い子どもを育てるのに一番近道なのは、お母さんの自己肯定

感を高めることです。特に「自己受容」、ありのままの自分を受け入れられることが、とても大切になってきます。

そして本書には、**お母さん自身の「自己肯定感」が高まるような言葉がちりばめられています。**だから、あなたに当てはまらない項目についても、ぜひ読んでみてくださいね。

子育ては、自分育て

先日、私は父に、「お父さんの子どもでよかった」「これまで一生懸命育ててくれてありがとう」と伝えることができました。

子育てに悩み、自分に向き合いつづけた結果、大嫌いだと思っていた父に対して、心の底から感謝の気持ちが湧いてきたんです。ずっとゆるせなかった父のことを、ゆるすことができた。ゆるすどころか、「お父さんのお陰で、私はいま、こんなにも幸せなんだ」なんて思えるようになった。

自分の不幸の原因だと思っている、過去や、環境、周りの人たちのことをゆるしたり、受け入れたり、どうにかしようとしたりするのは、後でいいんです。自分が幸せに生きられるようになるのが、先。

そして、**自分が幸せに生きるために必要なことは、すべて、我が子が教えてくれます。**やっぱり、子どもって、お母さんを幸せにするために生まれてきてくれているとしか思えないのです。

しかも、子どもは、「いまの私」を幸せにしてくれるだけではなく、「過去の私」も救ってくれます。癒やしてくれます。

子育ては、イコール自分育てです。子育てを通して、自分と向き合うことで、もっともっと幸せに生きられるということを、本書を通じてたくさんの方に知ってもらえたらうれしいです。

最後になりましたが、この本を書くに当たって私を支えてくださったサンマーク出版の金子尚美さん、イラストレーターのハルペイさん、デザイナーさん、家族、かかわってくださったすべての方に、心から感謝します。

福田　花奈絵

イライラしたら
「この言葉を言ってみて」
魔法の言葉一覧

「イヤ!」と言う子どもにイライラ
▼
「本当はイヤ!　って言いたかった」

「行きたくない」と言う子どもにイライラ
▼
「本当は、あれもこれも、やりたくなかった」

乱暴な言葉を使う子どもにイライラ
▼
「私を嫌いにならないで」

「家より保育園のほうが楽しい!」と言う子どもにイライラ
▼
「幸せそうにしていてほしかった」

「ママよりパパのほうが好き!」と言う子どもにイライラ
▼
「私、ここにいていい?」

ワガママな子どもにイライラ
▼
「私だって、言いたいこと、言いたかった。やりたいこと、やりたかった」

泣いてる子どもにイライラ
▼
「私も、泣きたかった」

すぐケンカする子どもにイライラ
▼
「いつも空気を読んでいるの、しんどかった」

他の子と同じことができない子どもにイライラ
▼
「できないことがあってもいいんだよ、って言ってほしかった」

兄弟をいじめる子どもにイライラ
▼
「私、本当はいい子じゃないもん」

ごはんを食べない子どもにイライラ
▼
「こんな私でも、お母さんは幸せ?」

おもちゃを片づけない子どもにイライラ
▼
「がんばること、もう疲れちゃった」

子どもに優しくできない
自分にイライラ
▼
**「どんな私も、
認めてほしかった」**

子どもをほめてあげられない
自分にイライラ
▼
**「がんばっても
がんばっても、不安だった」**

子どもの話を最後まで
聞いてあげられない
自分にイライラ
▼
**「本当の本当の気持ちは、
いつも隠していた」**

子どもの気持ちに
共感してあげられない
自分にイライラ
▼
**「怒られるの、イヤだった。
ちゃんと話を
聞いてほしかった」**

子どもにイジワルなことを
言ってしまう自分にイライラ
▼
「ただ、認めてほしかった」

甘えてくる子どもにイライラ
▼
「私だけ見てほしかった」

すぐ怒る子どもにイライラ
▼
**「ガマンしていることに
気づいてほしかった」**

しつこい子どもにイライラ
▼
**「もっと私の話を
聞いてほしかった」**

寝ない子どもにイライラ
▼
**「いつも期待されているの、
つらかった」**

自分に自信がない子どもにイライラ
▼
**「本当は、
すごくすごく怖かった」**

わざと悪いことをする
子どもにイライラ
▼
**「すなおじゃない私も、
受け入れてほしかった」**

profile

福田花奈絵

（ふくだ・かなえ）


子育てママ専門カウンセラー。国立教育大学卒業後、公立小学校教諭として10年以上勤務。

２人目を出産してから子育てに行き詰まり、カウンセリング、保育学、コーチング、パートナーシップなどを並行して学ぶ。

「お母さんに心のしくみを伝えれば、お母さんも子どもも幸せに生きられるようになる！」と実感し、教員を退職。

子育てで悩むお母さん専門のカウンセラーとして、活動を開始。全国各地で開催しているグループカウンセリングやランチ会は、毎回募集開始後、わずか30秒ほどで満席になる。2020年３月現在、Instagramのフォロワー3.7万人。Instagramでのメッセージやライブは、多くの子育てに悩むお母さんに支持されている。

〔Instagram〕
kanaefukuda_official
https://www.instagram.com/kanaefukuda_official/

〔HP〕
がんばり屋のママのための幸せレッスン
https://releasia.jp

ブックデザイン	八木美枝（yotto）
イラスト	ハルペイ
本文DTP	朝日メディアインターナショナル
編集協力	株式会社ぷれす
企画協力	ブックオリティ
編集	金子尚美（サンマーク出版）

写真　©polkadot-stock.adobe.com

泣いてる子どもにイライラするのは
ずっと「あなた」が泣きたかったから

2020年4月10日　初版発行
2022年3月20日　第4刷発行

著　者　福田花奈絵
発行人　植木宣隆
発行所　株式会社サンマーク出版
東京都新宿区高田馬場2-16-11
（電）03－5272－3166

印刷　株式会社暁印刷
製本　株式会社村上製本所

ISBN978-4-7631-3825-5　C0095
ホームページ　https://www.sunmark.co.jp